與其麻木前進，不如勇敢迷失

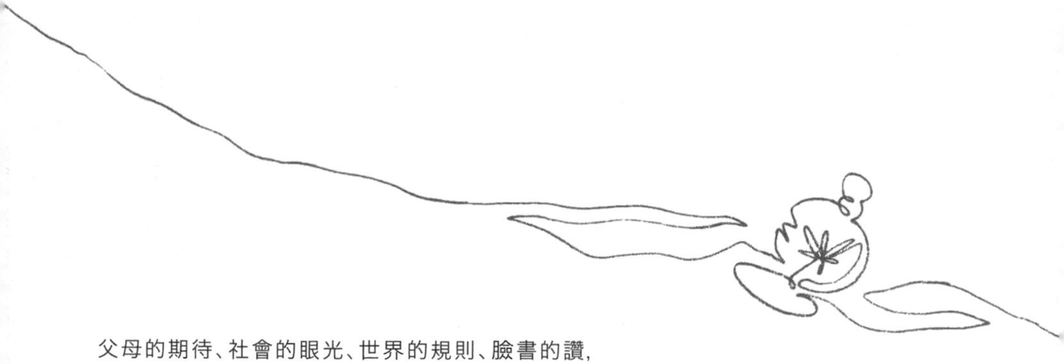

父母的期待、社會的眼光、世界的規則、臉書的讚，
在人生的盛夏時分，我們該如何活成自己要的樣子？

如果你的夢想無比重要，十年一夢又如何？

林子鈞

推薦序

一段不打安全牌的冒險人生

江秀真／聖母峰登山家

初識林子鈞，是在二〇一一年中秋節前夕。他領軍「臺中二中學校社團」到玉山國家公園管理處來邀約演講，眼神堅定、落落大方，非常有創意地在文旦上讓每位成員簽上大名，作為我們的見面禮。高中生親自前來邀約演講，還真是生平第一次！有如與八千米巨峰初次相遇時的心跳，同時充滿著喜悅與忐忑，雖然如此，當下也爽快答應。翻起當時在玉山國家公園管理處拍的照片，子鈞站在後排，又剛好被同學遮住半邊臉，露出的表情看著靦腆，大概是青春期男生的害羞吧！

再次見到子鈞，已是臺大二年級的學生，正如書上所寫，我和他、Emily在臺大的咖啡館不期而遇。大學時代去海外志工服務一直是我的人生選項，利用到國外的機會可以和當地人一起生活。藉由服務不同的國家，一圓環遊世界之夢，是我攀登世界七大洲最高峰之前的夢想，亦是向高中生演講分享的部分內容，登頂聖母峰之後更明白，打開生命視野最好的方式就是出去看看世界。

子鈞大三時，我們又在校園巧遇，他趕緊叫了 Emily，大聲說：「是秀真姐耶！」問了在忙什麼？「海外志工」。簡短分享彼此的近況，替他們感到萬分開心，大學日子如此充實有意義。後來他們創辦「遠山呼喚」，我當然力挺到底，視為我心愛的教育種子，持續關注與守護。二〇一七年六月，我們在椰林大道拍畢業照，我也成為「遠山呼喚」的一分子。讓我更真實體驗賈伯斯曾說過的：「你沒辦法預見這些點滴如何聯繫，唯有透過回顧，可以看出彼此關聯。這些點滴會在未來互相連結，有些東西你必須相信，像你的直覺、天命、人生、因果，諸如此類種種。」正如我行腳到全臺學校演講的同時，也撒下千萬顆的種子，在適當時間發芽、成長與茁壯。

踏入社會，子鈞和 Emily 並沒有急著念碩士班，反而選擇走尼泊爾種植教育這條異途，積極成為遠山呼喚創辦人。做有意義、困難且少人做的事，累積出來將會是意想不到的能量。畢業後我們聯繫的機會更多，我繼續留在臺大大氣系實驗室協助氣象觀測，他們則在臺大車庫打拚，為種植教育做長期募資。離開校園正式踏入社會後，Emily設立新的辦公據點、子鈞去當兵，同時我考上中正大學成教所博士班，順勢將研究中高齡登山健行與Emily尼泊爾公益健行巧妙地結合，順利出團兩次，過程中也參與「遠山呼喚」在尼泊爾的學校服務，回國後團員立馬組成「遠真家族」，有了比家人還親的情感連結，繼續有錢出錢、有力出力、迅速完成校車募資計畫，成功地送孩子上學。

這幾年伴著「遠山」學習、成長，子鈞與Emily是現代年輕代表，在新思維的洪流之下，我們沒有所謂的代溝，各自扮演著防腐劑與安定劑，互相體驗生命的過去、現在與未來。子鈞讓我看見臺灣年輕人的寬廣視野，試圖轉動世界角落，不斷地嘗試各種合作的可能性，或許經常碰壁、偶爾迷失，但如此有意義的事，相信全宇宙的人都會聯合起來幫助他們。

子鈞的新書《與其麻木前進，不如勇敢迷失》寫他不打安全牌的經過，選擇誠實面對必將經歷的五個人生關鍵：「煩人的迷惘、狼狽的失敗、痛苦的成長、現實的社會、殘酷的世界，以及還在追逐的你。」這正是年輕人的心聲，還沒解鎖這五關的，超級推薦！我們都知道若人生只打安全牌，最終多半會趨向麻木，未知與冒險才能激起生命熱情，即使會迷失，但它何嘗不是讓我們找到方向的重要過程？「擁抱未知的人生，才能得到真實的自由！」這是書中我最喜歡的一句話。

親職講座時，經常聽家長提問且憂心自己的小孩該怎麼教，才能有目標、有自信？如果家長能了解孩子的內心在想什麼，自然就能拉近距離互為朋友。子鈞將自己一路走來的青春年少、求學、菜鳥入社會等過程，透過邏輯思考巧妙地呈現於書中。跟著他從迷惘、跌跤、挨罵，漸漸變強大，強大到從「遠山」創辦人，變成專注於培訓亞洲的青年領袖，提供啟動資金、國際連結、人才培訓，並幫助他們從零到一成立NGO組織。封他為最佳年輕典範，一點也不為過。

本心如初，前路無懼！這正是林子鈞、遠山呼喚，以及這本書帶給我的感動與共鳴。

推薦序

赤腳踩過，才能發現荊棘下的夢想之路

葉丙成／臺大電機系教授、BoniO 執行長

二〇一八年三月，在一場盛大的公民沙龍，我被邀請與柯文哲市長同臺談「世代」。當晚，在我的演講裡，我分享了一個臺灣團隊在尼泊爾的故事。因為這個團隊的努力，當地孩子的輟學率從百分之四十二下降至百分之二，並成功創造百分之九十八的升學率。演講中我提到，當地曾有位老農問他們：「韓國人來種咖啡，中國人來種茶葉，你們臺灣人來種什麼？」

而團隊中有位臺灣年輕人，跟老農說：「我們在種植孩子們的教育。」

演講末了，我請大家猜這是個什麼樣的團隊？是臺灣官方外交部派去的人

員？還是大企業的志工團？還是大型基金會的海外分支機構？在現場的大多數人，都猜錯了。這是個由幾個臺大經濟系大二的學生所組成的團隊。我請大家回想我們自己在二十歲的時候，是否能有他們這樣的勇氣跟毅力，去幫助三千七百公里外的一個小國裡，這麼多受苦受難的孩子？誰還能說臺灣的年輕人就是草莓？沒有抗壓性、沒有國際觀？

這個團隊，就是遠山呼喚；而當初那位回答老農問題的年輕人，就是子鈞。是他與 Emily，催生了遠山呼喚，而且堅持至今。

幾年前，在認識子鈞跟 Emily 後，我很感動。因為看到臺灣有大格局的弱勢關懷、還有堅強執行力的年輕人，讓我看到了臺灣的希望。感動之餘，身為教育工作者的我更好奇的是，他們是如何成長成現在的他們？我們可以怎麼讓更多臺灣年輕人，也能有機會找到自己的天命，成為像他們這樣有理想、有能力去實踐的人？

也因為這樣，我非常開心看到子鈞的著作《與其麻木前進，不如勇敢迷失》的問世。在這本書當中，我看到子鈞是如何經過一連串的探索、反思、挫敗、檢討、冒險，而逐步成長成現在的他。我尤其喜歡這本書的地方，是子鈞在裡面分享了很多在他不同生命歷程的階段所做的反思；裡面許多話語，都非常深刻。

在這本書，你會看到一個年輕人，是如何在迷茫中找到自己的方向；是如何在一連串的挫敗後，願意正視自己的失敗而成長；是如何在資源拮据的時候，在理想與現實的拉扯中仍堅守著初衷；又是如何在達成目標之後，一步步思考下一步如何再自我突破、擴大格局。

看完之後，你會對自己的人生探索之路，多了點勇氣、多了點信心；更重要的是，多了點熱情。

除了年輕人，我也很推薦爸爸媽媽們讀這本書。在閱讀的過程中，除了子鈞跟Emily的勇氣讓我動容，他們的爸媽也讓我相當佩服。如果沒有他們對孩子的愛與信任，沒有他們敢讓孩子去找尋自己的路的勇氣，子鈞今天可能不會是現在的子鈞。我認為這本書，也會對很多為人父母的讀者朋友，有極大的啟發。

臺灣的未來，需要更多有格局、有熱情、有勇氣的年輕人。我真心推薦這本書給大家，願它也能給你更多的勇氣，去探索你的夢想！

Organic Jiri
School Bus

✵ 真摯推薦

有時候，不曾迷惘的篤定，只是另一種盲目而已；反而是在迷惘中探索，一步一步累積的篤定，才是真正能繼續下去的堅持。

——吳若權（作家／主持人／企管顧問）

有夢不難，把夢想放得很遠很難；做事不難，從現在開始做事很難。子鈞是一個普通人，一個願意堅持做偉大的事的普通人。如果你也想幫別人做事，為自己作夢，但不知道怎麼開始，這本書會是最真實的故事。

——林大涵（貝殼放大股份有限公司執行長）

當所有人都質疑夢想的時代，林子鈞交出一本激勵人心的書，在找尋自我價值的同時呼喚眾志，馳援遠山他鄉。這本書證明了夢想的力量，也確切寫出應該如何達成。對所有懷抱夢想的人都有價值。

——林立青（作家）

溫暖的心、前行的勇氣、冷靜的頭腦，加上社會科學的分析與國際的鏈結，不怕擁抱失敗、不斷否定自己過去的遠山呼喚，已經走出一條新的NGO道路。

——林明仁（科技部人文及社會科學發展司長、臺灣大學經濟系特聘教授）

不只是子鈞到尼泊爾種植教育的故事，更是子鈞與「遠山呼喚」以雙腳力行的生命文采，句句展現臺灣年輕世代的影響力，鼓舞正在尋找生命力量的人！

——林秉賢（家扶基金會國際發展室主任）

與遠山呼喚前往震央的時候，我深受震驚，卻也對他們種植教育的身影深深著迷！在這個社會當個異類，需要無比的勇氣，子鈞走的路比別人坎坷，看到的風景卻獨一無二！

——柯淑勤（金鐘獎演員）

勇闖夢想之路時，眼前會出現不少關卡；正因如此，我們才有機會嘗試突破、獲得成長、展示自己多想達成夢想。

——洪瀞（《自己的力學》作者、成功大學副教授）

良善，總是出現在最艱險的地方。在與子鈞一起在尼泊爾採訪的日子裡，我看到一個追逐夢想的年輕男孩，更看到勇氣破表的生命啟發！如果你正處於徬徨迷惘的十字路口，請跟著子鈞一起勇敢地向著心中的標竿前進吧！

——舒夢蘭（東森電視臺金鐘獎節目《聚焦全世界》主持人）

許多人才放下對成功的既有想像，透過非營利組織，催生了屬於新世代的影響力，而遠山呼喚便是其中一員。邀請大家不只透過此書認識子鈞，更看見這世代的臺灣青年對於這片土地、乃至世界的在乎與勇敢。

——劉安婷（為臺灣而教教育基金會創辦人暨董事長）

目錄 Contents

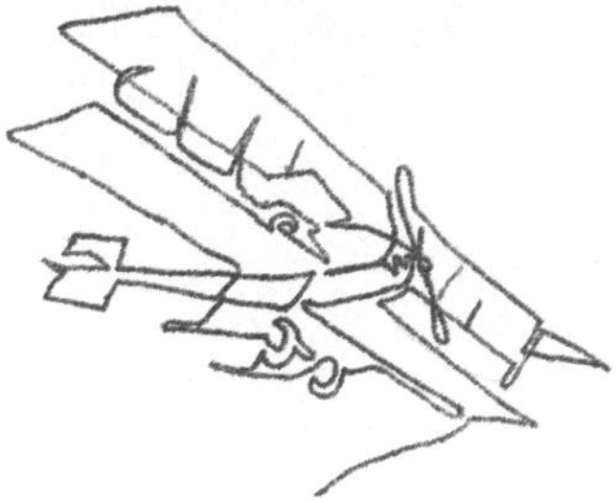

chapter 02

經歷失敗：如果倒地不起的你夠慘，記得自拍一張

chapter 03

追求成長：你已經很棒了！所以準備好被罵了

chapter 04

走進社會：你很會幫別人做事，卻不會為自己作夢

chapter 05

迎向世界：出國打卡之後，別忘了被世界打臉

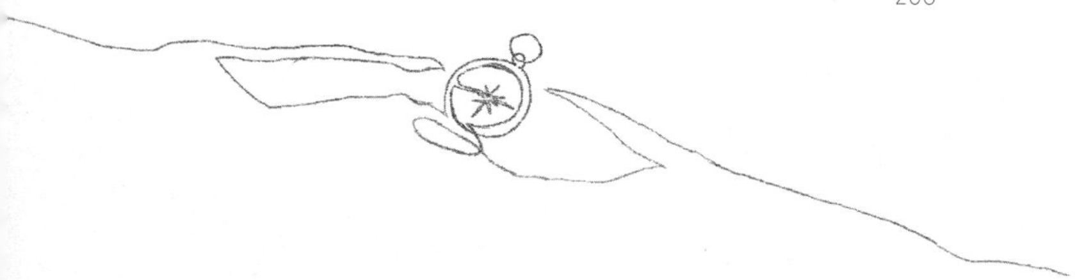

自序

爸、媽。我畢業要做公益組織

我真的有選擇嗎？——從即將休學的日子說起

那天，椰林大道上的天空很藍，兩旁花叢綴著幾點杜鵑殘花。我騎著車，默然地看著這一切，思索自己怎麼如此麻木，花了兩年的時間，才發現這裡沒有我要的人生。同一時間，我也意識到自己把「用功讀書、考上名校」當成夢想的時刻，就是我停止追逐夢想的時刻。

二〇一五年，我是一個典型的大二學生，跟多數臺大經濟系的同學一樣，不知道自己為何而來，又該何去何從。貼在我身上的名校標籤，感覺上更像是協助社會人士識別我們的刻板印象，跟刻意貼著「××級肉品」的牛肉沒什麼兩樣。大學時期的狂歡、放逐、乾杯，只能算是肉被放在熱鍋上那嗤嗤作響的噪音。在尚不知自己是誰的前提下，我們是被社會的利刃切下來、毫無生命力的東西。

不只我們如此，這是瀰漫於一個世代的煩惱。年輕人集體抱怨世界、集體取暖成了常態。拋去求生欲望的「心靈毒雞湯」當道；鍵盤與螢幕裡，似乎存在著他人以為更真實的人生；貼在臉書上的照片，是特意彰顯 Life is good 的虛假表象。但如果你認為年輕人沒有病識感，其實，我們打從心底對現狀感到厭倦。我們之所以說自己沒有選擇，只是因為我們深怕自己選「錯」了。

他們說我們是「厭世代」，其實，我們只是討厭自己迷失的人生罷了。

但我心裡總是有股氣，憑什麼寫我人生劇本的，是父母的期待、同儕的眼光、社會的規範？如果拋開眾人的眼光來選擇，所有選擇後的「對」與「錯」，不都算是一種「前進」嗎？以後進入了社會，難道我的人生就甘於被收納進一張名片，只用短短幾行文字來解釋？決定休學的那一天，我的後背包被「休學申請書」壓得異常沉重，心卻再次感到興奮。終於，我要為自己做出選擇了。

然而，世界就是這般充滿著巧合。一場突如其來的地震帶我重返震央，遇見了那些沒有依靠的孩子們。

在世界最殘酷的角落，找到前進的理由

寒風刺骨，天色漸暗。我站在小女孩Susmita的「家」門前，看著她從帳篷爬進爬出，展示她的上學用品。每翻出一個新玩意兒，小學三年級的她就會附贈一抹毫無保留的笑容，那是發自內心的喜悅。

在尼泊爾的時候，我總是忍不住往那頂亂石崗上的帳篷跑。不管離天黑的時間多近，我總會下意識地找到藉口繞過去。「我去看看家訪的志工有沒有問題」、「我順便拍些照片，等等自己回去」、「今天跟翻譯去一趟」諸如此類。

我不敢明言，在震央的日子，我需要些許陽光；而真正可以照進我內心的耀眼太陽，往往來自最深的黑洞。地震之後，Susmita的父親半身癱瘓，原本姑且稱之為「家」的地方被夷為平地；媽媽生病而且輕微失智、弟弟依然年幼。在一

張撿來的帆布底下，一家人在堆滿雜物、潮濕不堪的泥土地上住了下來。是媽媽每天為那裡的地主工作，才換取搭一頂帳篷的權利。

我彎下腰，朝帳篷裡面張望，一股臭酸味立刻撲鼻而來。看到孩子們住在不如牛舍的地方，而自己卻沒有能力做些什麼，那滋味並不好受。對於像是這樣一個二十歲的臺灣學生而言，那是個完全不同的世界，卻也是真實無比的世界。

Susmita 有一頭捲髮，看似重重地壓在她瘦削的身體上，直到她轉身，看見她那被公認為全校最燦爛的笑容後，一切才得以獲得平衡。地震之後，她把書包掛在沒有門的帳篷外頭，每一天都穿著髒兮兮的天藍色制服，牽著弟弟的手，準時出現在學校。即使情況再糟，她仍不打算放棄自己。

有天黃昏，我伴隨社工一起經過 Susmita 的家。那時，她正在帳篷外頭洗澡，一看見我們，就想衝出來。我們嚇了一大跳，一群人驚恐地叫她快回去，沒穿衣服不要跑出來！「掰掰！掰掰！掰掰！明天見！」她一次又一次奮力揮手大喊，聲音穿透擱淺在沙塵路上的夕陽餘暉。

大家笑到不行，那個當下，破碎的大地失去了它最後一絲悲傷，而我也失去了最後一點討厭人生的能力。就算這世界再現實，也還不至於殘酷。Susmita只有一個選擇，但她至今仍在前進，而我憑什麼在迷惘面前放棄自己？又憑什麼害怕迷失？

出了社會，「真我」失而復得

選擇創辦遠山呼喚，並且把一個非營利組織從學生時期帶進社會，這是一段驚心動魄的過程。我一直覺得在大二那年之後，我跟我的共同創辦人Emily就已經走出了校園。很多時候，學生這個身分是塊免死金牌；但更多時候，學生身分也成為了自爆彈。「還是學生，不要來耍嘴皮子！」就算被這樣的話吼完，也只能默默忍耐。

但很快地，我們獲得了早期的成果，也稍稍掌握了社會的樣貌。大四畢業的時候，我們已不是菜鳥。我習慣穿上「創辦人」的外衣，在不同的群體之間前進；另一方面，也在痛苦的實作中學習，漸漸堆疊出了足以支撐組織的專業。久而久之，想扮演好每個角色的我，學會了在學生、NGO工作者、創辦人之間游移，卻忘記了照顧自己的本心。

如果團隊找到了穩定的模式，要不要做出八成會失敗的新嘗試？

如果遇到不公平的潛規則，該不該成為黑臉、仗義執言？

如果這個社會，對於公益組織創辦人已經有了理想的模板，那我還能不能做自己？

離開學校、走進社會、迎向世界，這些原先應該要分次到來的人生階段，突然像漢堡內餡一樣，被命運的巧手緊壓在一起；而我只能一口咬下，一時難以辨別箇中滋味。這時候，「真我」像從旁邊滴出來的美乃滋，沒有發揮平衡複雜口感的功用，卻徘徊在一旁漸漸乾涸。

撕下生命的包裝紙，需要些許的勇氣。一開始我甚至不敢提起筆，害怕讓文字挑戰社會主流。這本書就出現在撕毀一切包裝的起點，又或是說，它脅迫我重新審視自己的初衷，重新定義我眼中的價值觀、世界觀，並寫出十年之後，自己看了也不會後悔的真實文字。最後，我得以在書寫過程中，找到在二十五歲「活成自己」的勇氣。

所以我寫了什麼樣的勵志書？

寫書的時候我常在想，如果我能夠跟十八歲、即將升上大學、還沒創辦遠山呼喚的林子鈞聊天，我會跟他說什麼？

想到他當時有多麼迷惘、疲於厭倦麻木的人生，我總有些猶豫。應該要說他想聽的甜言蜜語？還是他需要聽的鬼故事？我知道被人懂、有人一起討厭世界的感覺很棒，療癒的金句甚至就像蜜糖一樣甜美；然而，只有「勵志感」絕對改變不了我們的人生，集體嘲諷世界、抱怨世界，更不會減少世界的真實。

連結空想與夢想的，本來就是一道又一道的傷痕。對於年輕的生命，忽遠忽近的人生才是常態，又苦又痛的經驗才是成長。我希望透過這些文字，真實呈現這些年我如何撕下標籤、如何選擇走上職涯異途，如何倒地不起、如何找到夥伴、又是如何撐起志業，並且在這一切歷程中，儘可能保留最真實的自己。

如果你想找到前進的方法，就必須誠實面對必將經歷的五個人生關鍵。因此，這本書寫下了關於煩人的迷惘、狼狽的失敗、痛苦的成長、現實的社會、殘酷的世界，卻也關於還在追逐的你。有點苦、卻句句真實，作者本人我忘了放安慰劑。想尋求安慰、想被摸頭的你，請立刻放開這本書；而想尋求改變、不怕被打臉的你，歡迎上車，讓我們一起衝撞這個世界！

chapter 01

面對迷惘

妥協只能給你掌聲，
不會讓你找到人生

Ishwor的故事

我家變成瓦礫堆那年，我才八歲

陽光乘著清晨的霧氣，從窗戶輕輕滑了進來，降落在 Ishwor 的睫毛上。就像其他的廓爾喀男孩，他有著輪廓深邃的臉龐，還有一對像是用刀子鑿出來的深邃雙眼，黝黑的皮膚、烏黑的髮色，以及世界級討喜的笑容。

推開門走進這間紅磚砌成的房間，你會懂得什麼是「家徒四壁」。所謂窗戶，只是牆上的一個洞；地上有一塊焦黑的角落，那是昨天媽媽燒柴煮飯的地方；剩下的空間擺了一張雙人尺寸的木板床。除此之外，再也沒有任何多餘的空間了，其他東西都被吊在木梁上，或塞在床底下。一盞燈、兩個背包、制服、風乾的食物、廚具，每樣東西都有屬於自己的安身之處，睡在木板床上的一家四口也是如此。

Ishwor仍在熟睡，農田上的動物卻已經醒了。雞鳴狗吠遠近交替，在這一如既往的寧靜早晨，他即將睜開眼睛。只是，睡夢中的他還不知道，過了今天，他的人生將永遠不一樣了。

換上藍色制服，吃下一碗咖哩糊，再穿上布滿沙的皮鞋，準備出發上學去。Ishwor的家離學校很近，只要爬一點山就到了。前往學校的路上，他可以看見廓爾喀大街的背面，爸爸說，那裡是比較有錢的人住的地方。爸爸還說，廓爾喀在古代是尼泊爾皇城，而廓爾喀人是真正的戰鬥民族。直到後來英國前來殖民，廓爾喀因盛產傭兵，於是開始隨著英國人征戰世界；他們忠誠、勇敢、狠絕，種種戰績讓世界聞風喪膽。戰場上，只要是遇見配著廓爾喀彎刀的戰士，友軍都會肅然起敬，敵人則會嚇得寒毛直豎。然而，這些輝煌早已逝去，有時Ishwor會覺得，廓爾喀成了被遺忘的山城。沒人在乎他們，路過的人也只是為了去看山頂的古代遺跡而已。

小小的學校坐落於邊坡上，這間小學只有不到一百個學生。Ishwor走進三年級的教室，把背包放在好朋友Deepak的位子旁邊。教室裡沒有燈，他只好一邊把窗戶打開，一邊心想：「Anish跟Susmita都還沒到，該不會偷跑去玩了？」隨後他走出教室，坐在草皮上瞇起眼睛，遙望下方的梯田，許多藍色身影正穿過梯田走來。太好了！看見他們了。

雖然今天只上半天的課，但學生們還是坐不住；好不容易到了最後一節課，大家已顯得精神渙散。老師在那破爛不堪的黑板上試圖寫下數字，還不時看看時間，似乎也在等待校長敲鐘。突然間，「轟！」的一聲巨響從外頭傳來，趴在桌上的 Ishwor 被嚇得坐了起來，數學老師皺著眉頭，正想走出去看看天空。就在這時，整間教室像是被連根拔起一樣劇烈搖晃，老師被摔出教室外面、學生們尖叫著往外跑。Ishwor 被後面的同學推擠出教室，大家跌跌撞撞地集中在草皮上，但是情況沒有停止。Ishwor 看見學校旁的邊坡正在崩塌，他瞥見遠方的房子倒塌，到處都是沙塵，「怎麼了？快停下來！停下來！」他抱著頭縮在地上祈禱，感覺學校隨時會滑下山坡，「大家都會死掉！」Ishwor 陷入無盡的驚恐。

01

找到變成
自己的衝動

我為人生選了歧途

有哪些微小的時刻，讓你覺得自己是個有血有肉的人？

是哪些決定，讓你想大叫「這才是我啊！」？

不要忘記凝視它們，讓這些回憶提醒你，你最真實的樣子。

在寒冷的清晨醒來，天還沒亮。我鼓起勇氣推開被子、痛苦地跳下床，感受冰冷的空氣扎進全身。我發著抖穿上衣服、圍巾、耳罩、手套，背上背包、相機、無線電，順手朝外套口袋塞進幾顆備用的急性腸胃藥。最後，用失去知覺的手指沾了沾冰水，隨便抹了一把臉，就快步跑下樓集合。

一行人坐上吉普車朝遠方出發，月光晦暗，遠處的山線被吞沒在蒼茫的夜色裡。老舊的吉普車延著山路急駛，旋即鑽入一片泥濘的針葉林，車身左搖右晃，如迷途的醉漢。森林底層成了漫著濃霧的巷弄，只見車頭燈吃力地撞開黑暗，才找出了一條通往前方的路。外頭被樹影壓得一片漆黑，每當我看向窗外，就會看見窗上反射著自己：一個穿著羽絨衣、頂著亂髮、圍著圍巾、面帶倦容、眼神卻閃閃發光的男孩。

二十四歲，我怎麼會在尼泊爾的高山裡？

腦中突然閃現人生的各種可能：這窗戶若是鑲在飛往香港的商務艙，我會不會是個穿西裝出差的商務人士？若是飛往美國的長途班機，我或許是要去留學的學生；若是位於遠洋貨輪一隅，那也很好，至少我還沒忘記怎麼流浪。但在那一連串影響可大可小、後勁可長可短的人生選擇中，我卻選擇了一條風雨陰晴錯落的歧途。如果，真有那麼一次如果，我真的做了一個不一樣的人生選擇，今天的我，是不是就不在這裡了？

腦子裡刮起漫天飛雪，四周卻漸漸明亮，陽光早已等在森林邊緣，要加入這趟差旅。陽光普照、松針滿地，車子卻突然爆了胎。大家伸伸懶腰下車換胎，對我們來說，一切意外即是日常。

車修好了，我們再翻過幾座山脈，然後下切到溪谷，沿著河流旁邊的碎石路蜿蜒前進。在不注意的時候，巨大的雪山突然出現在我們眼前，那景色美呆了。若你看見，也許會希望人生就定格在那顆分鏡。但那時，我們卻想著：「啊，山腳下就是學校了。」再穿過一座電廠，經過一座吊橋，在幾個施工地點等待挖土機側身舉起爪子讓路。接著，我們轉進一個靜謐的雪巴族村落，嗯，正好八點。我看見藏式建築前，穿著藍色制服的孩子正準備要去上學，而我們一天的工作也正要開始。

我總是記得沿路上的一切，因為我睡不著，在任何交通工具上都一樣。我會

我們在無止盡的競爭中長大，
並且學習著怎麼迎合社會的期待。
學校裡教的是考上下一所學校所需的知識，
卻沒有告訴我們如何認識自己。

認命地獨自望向窗外，有時候眼睛看著看著、腦子裡跟著想著想著。在這有點家鄉味的異地，你會突然有種錯覺，總有那麼一次，你會忍不住問自己：**這是什麼樣的人生？我怎麼會在如此陌生的國度？曾經如此迷惘的我，又是怎麼抵達這裡的？**

五年前，就讀臺灣大學經濟系的我，還是一個二十歲的大二學生。擁有志同道合的同學，我們一起過著繽紛的生活；學校裡無比自由的修課選擇，你也可以出國成為交換生。這個看似明亮的未來，校園裡有研究所等著我們，不想念研究所的話，就去銀行、大企業、外商公司，或找一份能讓你安身在臺北的工作。

但我心底有個聲音，它一直想叫醒我，告訴我：那不是我的未來。

什麼時候，人生變成公式？

十八歲背包旅行的時候，我在墨爾本認識一群大學生。當時，來自不同國家的幾個人，正圍在青年旅館的交誼廳，幫正在旅館打工的大學生解數學作業。他們困惑的樣子引起我的好奇，於是我走近一看，發現竟然是一元二次方程式。

我跟他們說了那題的答案，還有下一個題組的答案。我永遠忘不了他們的眼神，就跟看到鬼一樣。我告訴他們在臺灣，我們國中就要學這個，還要背公式，因為這樣考試時會解題得比較快。大家聽完都覺得不可置信，這時，一個法國女生非常誠懇地對我說：「I feel sorry for you.」我先是困惑了一下，然後，這句話狠狠擊中了我。看著圍在身邊的外國青年，**我忽然搞不清楚自己的人生到底是超前了，還是落後了？**

我發現自己活在一個充滿「致勝公式」的社會，用功念書、考上明星學校、最好出國交換、接著出國深造、進入知名的公司上班、領一份穩定成長的薪水、做個聽話的員工……

這讓我們在無止盡的競爭中長大，並且學習著怎麼迎合社會的期待。學校裡教的是考上下一所學校所需的知識，卻沒有告訴我們如何認識自己。最諷刺的是，在這一再競逐的過程中，社會用盡不同的方式告訴我們：人生要有夢想，有夢的人生最美。

考試可以套公式，
但是，找未來可以嗎？

與其
麻木前進，
不如
勇敢迷失

但是，人生不應該變成公式，對吧？相信你也曾經這樣質問自己：為什麼小時候，我們渴望知道長大的樣子；但長大之後，卻不知道自己是誰？**如果成長歷程是不間斷的競逐，夢想存活的空間在哪裡？你也曾經這樣反問過叫你作夢的人嗎？**

在同一趟背包旅程中，我到了澳洲中部的沙漠，找到了一座視野極佳的紅土丘，坐在那裡看著遠方的艾爾斯岩。也就在那一刻，我得知自己的大學放榜結果，正好旁邊一位老爺爺與我聊天，他立刻通知在場的所有人。接著，另一位老爺爺衝回自己車上搬出幾瓶香檳，一群陌生人就這樣圍著我，大力拍著我的肩膀，為我舉杯慶祝。

後來我才發現，當知道自己考上第一志願的那一刻，我沒有笑，我的表情是疲憊的。我永遠忘不了那個場景，就像我迷失在沙漠一樣。**考試可以套公式，但是，找未來可以嗎？**

夢想之所以變質，是因為參雜了太多人的期待

記得有一次去國小演講，我問在座的小朋友，他們的夢想是什麼？有人說等下想吃牛排、有人說要當醫生，有一位小妹妹說她要考上第一志願，去國外念書，變成成功的人賺大錢養爸爸媽媽。我嚇死了，想立刻衝過去用力搖醒她，把這想法晃出她腦袋外面。「這不是你的夢想！」我想大聲對她說。「你的人生需要屬於自己的第一志願。」

的確，從國中開始，「考上第一志願」、「出國念書」取代了「足球員」、「動物園園長」、「攝影師」等源自於自身興趣的答案，成為許多人的人生目標，而我也是其中之一。現在回想起來，**我把別人的夢想以及社會的觀感，當成自己的目標了。原來一路獲得的「掌聲」，只是眾人合力打著節拍，期待我跳著一支身不由己的舞。**

在後來的創業過程中，曾有企業想要贊助我們一筆為數不小的金額，條件是

要幫助他們的員工舉辦公益志工活動，用假日的時間到他們苗栗廠房附近的國小就近服務，目的是為了增進內部員工的感情。如果答應了，我的事業表面上會看起來很成功，團隊會被更多企業注意，而我每一次的簡報也會更有分量。

如果是你，團隊就要沒錢了，你會怎麼做？

我斷然拒絕了。遠山呼喚是長期深耕在地，渴望透過教育帶來改變的非營利組織，而非設立來服務企業的員工培訓公司。我知道，如果我答應了，我會在執行過程中違背初衷，反而被自己的夢想一刀一刀折磨。因為那不是我，也不是遠山呼喚創辦的初衷。

”好不容易找到的志業，是不能拿來交易的。你能同意嗎？“

與其
麻木前進，
不如
勇敢迷失

如果成長歷程是不間斷的競逐，
夢想存活的空間在哪裡？

重新認可你很喜歡的自己

五年來，我在異鄉看過太多殘缺的人生，這讓我一直覺得，像我這樣的年輕人承接了很多的幸運，要煩惱的事情多半是乖乖讀書、努力升學而已。然而，正因如此，找自己的夢想卻反而不容易。在某次演講之後，有位大學生質問我：「我當然想做自己喜歡的事啊，但是我已經在升學體制裡長大了，要怎麼重新認識自己、找自己的路？」我想了很久，然後分享了一段藏在心底的故事。

十三歲那年，我決定去爬玉山。我不知道這個想法是怎麼爬進我年幼的腦袋的，但只要我看著課本裡那座翠綠山峰，就會不自覺地開始想像自己站在山頂的模樣。當時的我並不知道，對我小腦袋瓜外面的真實世界來說，這想法根本是天方夜譚。我既沒有登山經驗，沒有裝備，沒有父母的同意，更沒有任何人願意帶我去。

這些現實有如隕石般輪流擊中我，我好難過，但這個幼稚的念頭卻沒有跟恐龍一樣滅絕。接收到這個噩耗的當下，我決定去說服爸媽、說服登山社。我決心要讓整件事發生，我一定要去爬玉山。為了說服爸媽，我開始每天拉著下班後的他們去公園，在他們面前跑完一圈又一圈的訓練。我也開始尋找並聯繫登山社，說服他們帶上一個十三歲的男孩，但都毫不意外地被拒絕了。就這樣過了一個月，我仍然不斷掙扎，毫無放棄的念頭。有天，媽媽竟然也加入了幫我尋找登山社的行列，一切才慢慢有了轉機。

那種「莫名堅持一件不可能的事情」，並且「深信自己可以做到」的感覺，我到現在都還記得，甚至遠比後來站上山頂的時候還要深刻。因為，我非常喜歡當下的自己：喜歡冒險、喜歡解決問題，並且深信有更好的結局。

後來，在創辦遠山呼喚的過程中，常遇到大家嗤之以鼻、告訴我那絕不可能的時刻。大學生怎麼可能募到一百二十萬？你瘋了是不是，你怎麼可能畢業後還做這件事？你說要在一個月內變出兩臺校車？每當這樣的時刻，我總會想起這段回憶。在這些風風雨雨中，回憶裡的小男孩會提醒我自己是誰，接著，帶我往前迎向困境。是他支持著我到尼泊爾的深山裡種植教育，因為他，而讓我註定要成為今天的我。

有哪些微小的時刻，讓你覺得自己是個有血有肉的人？是哪些決定，讓你

想大叫「這才是我啊！」？不要忘記凝視它們，讓這些回憶提醒你，你最真實的樣子。活得像自己的人絕對不是混蛋，但沒有勇氣接納自己的人可能是笨蛋。

“社會充滿了正道、主流、成功模板，擁有叛逆想法又敢於堅持的人，本來就比較難被社會接受。但如果連你也不接受自己，那麼，你的未來該何去何從？”

仔細想想，你上一次對人生感到興奮是什麼時候？上一次恨不得叫某人閉嘴，不要指點你的人生，又是什麼時候？

當時那個超想「活成自己」的人在想什麼？他的眼神看向何處？他的心跳得多快？他的憤怒有多真實？他有多想叛逆一次、改變人生？

他還在，對吧？

02

事業不是迷惘的出口，志業才是

用大學生的飲料錢，爲一村續命

走出迷惘的路徑，不是原地思考的過程，

而是起身實踐的歷程。

唯有拚命投入一件別具意義的事情，

我們才能找到迷惘的出口。

改變人生的大地震

「餘震從來沒停，他們以為天神生氣了！」那天，我收到這則訊息。

八十多年來從未發生過強震的尼泊爾，竟在「廓爾喀」這個連教育都還沒普及的地區降下大地震。遠在一百多公里外的首都加德滿都成了人間煉獄，當下，多數人跑出房子，卻逃不出過於狹窄的巷弄。兩旁用磚瓦、石塊砌成的建築，卻在此時像積木一樣倒塌。

地震帶給災民無法承受的恐懼。他們始終不能理解，為什麼自己已經失去一切了，天神還要在黑夜裡製造餘震來懲罰他們。那是一個沒有希望、沒有黎明的時刻。

傳訊息給我的，是當地的小學老師Sunita。她是少數知道何謂地震的人，同時也是少數知道首都狀況的廓爾喀居民。所幸，廓爾喀的居民都逃到了空曠的田野中，才沒有造成太大的傷亡；但是，死亡卻未曾遠離他們。Sunita說：「我們離首都太遠了，領不到物資，而且雨季要來了，我們沒有食物、沒有衣服、沒有房子。請幫我們籌錢，我們才有機會撐過去。」

當下，我看著手機裡的訊息發呆，腦袋空空如也。「要怎麼在短時間內，籌到幾十萬？」我無助地問自己。然而，當下更強烈的情緒取代了無助的感覺，我的心裡有種灼熱感，源自於多年前當短期志工時的回憶。多年來，那些對於自己曾經身為「過客」、在這群窮人身上搜出「成長」的虧欠感，還有那種「服務，不該只是這樣；服務者，不該以自我為中心」的自責，好像終於燒穿了我的心。在我的心底，那些孩子們善良的眼神、渴望改變的心念，就像封存了五年的舊照片，在此時此刻被點燃，成為一發不可收拾的決心。我心裡很清楚，我想與當地人一起尋找長遠的改變之路。

當下，我再怎麼樣也想不到，從那天開始，我的生活不會跟以前一樣了。轉變，就這樣從內心悄悄發生。

拚命完成一件不可能的事

我開始盤點能搜集到的資源，同時也開始尋找夥伴。我知道要完成這個任務，一定需要有個團隊。因此，我詢問了系上當過短期志工的同學，然後很驚訝地發現，其中的兩個人跟我有相同的感受，也願意把理念付諸實現。還記得那天下課後，我、Emily 跟 Andy 相約第一次討論，地點就在窄小、人聲鼎沸的系學會學生辦公室，因為我們實在沒有別的地方可以去了。

「系辦」坐落於社會科學院大樓一隅，這裡原本只能容納十五人的小空間，但卻必須讓經濟系四屆五百個學生使用。裡面放了一張會議桌、一張白板、一張沙發、兩排置物櫃，後來還多了一張麻將桌。系學會要用，系籃球隊、系足球隊要用，慶生的人要用，下課後沒地方去的人要用。還有個飛鏢靶卡在櫃子裡，飛鏢在大家頭上飛來飛去，搓麻將的聲音淹過說話的聲音，火鍋香味衝擊你的鼻腔。這裡有時很好玩、很無厘頭，但有時很混亂，亂到你會覺得，太認真的東西進到這裡會死掉。

但在這一切的混亂之中，我們總是能連續工作七個小時。一開始，我們並沒有完整的計畫；三個大二的學生就這樣傻傻打電話給學校附近的店家、補習班、企業拉贊助。三天內，我們總共打了超過一百通電話，寄了超過五百封電子郵件，過程中被拒絕了超過五百九十次。最後，我們募集到了一萬八千塊。「事情不能再這樣搞下去了。」沒有人真的把這句話說出來，但它明明白白地寫在每個人憔悴的臉上。我們灰頭土臉，而寶貴的時間正在流逝。「我們只有一萬八千塊，怎麼在一週內讓它變大五十倍？」

面對看似無知的選擇、站在排山倒海的壓力面前，我覺得自己小得像一粒沒有用的沙子，翻滾在浪花之間……但你知道嗎？這就是接近「出口」的感覺。

”找到篤定的人生本來就不簡單，你必須在深知自己會受傷的前提下，再繼續往黑暗邁進一大段，才有機會抵達迷惘的終點。“

於是死也不願放棄的我們，每天下課後就來系辦報到，緊接著一路討論到深夜。看著同學們都回家了，我們充滿著疲倦感、挫折感，嚴重睡眠不足，卻還是持續推敲著計畫中的每一處細節，把它拆解成細瑣的零件，並且再度組合起來。我們反覆假設最糟糕的情況，然後重新規畫，一點一滴慢慢地過濾風險，並且理性地估計成效。最後，我們終於開啟了不一樣的思維，一起想出了第一個計畫，一個絕對不能失敗的計畫。

我們決定在大學校園裡發起一場募款計畫。但是，不管我們怎麼推敲，光靠一所大學是絕對沒有辦法募集到三個月的賑災資金；因此，我們打算把計畫推展到全臺灣的大專院校。我想，當時聽見這個妄想的人，一定會在心裡偷偷說：「三個大學生憑什麼？」

二〇一五年，正好是臉書快速崛起的時期，當時Line及ＩＧ還沒開始分食臉書的流量，於是臉書上風靡著各種新型態的行銷手法。當年，還有一個產業正在臺灣快速發展，就是後來大家習以為常的「廉價航空」。我們將兩個在浪頭上的風潮結合起來，打算來場「抽機票」的賭注。

當時大學生常在臉書上辦抽獎活動，社團要招生、系學會要辦活動，都會來場線上抽獎活動以壯大聲勢。不過，大家通常會選擇抽明信片、貼紙、電影票、海報等對錢包比較無害的小物。所以當大家聽說經濟系有三個瘋子要抽出四張機票的時候，都以為我們背後擁有強大的金主。但沒有，這就是我們所有的錢了。

箭借到了，東風卻不會自己來，我們還得靠自己創造風潮，而這場風潮就稱作「用大學生的飲料錢，幫助震央度過難關」。經過縝密的籌畫，關鍵的日子終於來臨。當天，我們在臉書上發了一則抽獎文，大意如下：只要至少捐出一杯六十元的飲料錢，然後分享貼文，並在貼文中標註一個同校朋友，以及「兩個外校朋友」，就有機會在暑假前獲得兩張沖繩來回機票！

這則貼文從經濟系五十個同學手上出發，當天晚上，它就已傳到臺大的各個科系。越來越多的人被標註，隔天有超過十所不同大學的學生響應，接下來更是一發不可收拾：二十所、三十所，每天的數字都在上升……最後，共有四十四所大專院校加入行動，許多學生還捐出超過一杯飲料的錢。

過程中，我發現青春不是拿來賭的，年輕的優勢才不是時間多、容錯率高、籌碼無限，而是動機單純、目標專一、思想框架尚未成形。認真體驗每一個年輕的分秒，人生才能越走越真實。

接下來的三個月，我們成功留住了多數的青年捐款人，還讓人數不斷增加。同一時間，Sunita 拿到了賑災資金，開啟了第一線的救援行動。

迷惘的出口不是事業，是志業

那是一段很特別的時光，也是我第一次跟遠山呼喚的共同創辦人 Emily 一起工作。可是，當時我們誰也不知道那些寫在半張白板上、緊挨著系足球隊先發名單的扭曲文字，以及那些拚命穿越吵雜人聲、相互傳遞的脆弱創意，最終會變成一個國際教育組織。在這一切混亂之中，我們的人生軌跡悄悄改變了，卻沒有人察覺到，**當下我們忘了自己，忘了何謂迷惘，忘了去煩惱自己的未來。我們只想拚命完成一件事——幫助災民找到一個安穩的未來。**

迷惘從我心裡退了房，好讓熱情住進來。我甚至沒有機會向迷惘好好道別。

塵埃落定之後我才發現，我已經不可能再回到從前的那種生活了。過去幾週，那些半夜兩點還毫無頭緒的絕望，那些肆意發揮創意的過程，以及那些夥伴彼此爭吵、一起向前、互相鼓舞的時光，還有當計畫成真的瞬間，這一切都讓我上了癮。

生命最神奇的時刻，是當你的生活感覺一片混亂、焦慮、失去控制，卻又被你牢牢掌握。那種未知的感覺、冒險的快感、對理念的執著，以及沒人相信你、你卻仍筆直向前的模樣，都在告訴你：「這就是我渴望的未來！」

是啊！從上了大學之後我就知道，自己註定要過上這種生活。只是，到現在我才親身體會到，我並不想要一個看似成功的事業，我要一個對得起自己的「志業」！

你或許會問，可是什麼是事業？什麼又才算是志業？我心裡一直有個明確的解釋。如果有件事，你多半能做得很好，但是一再遭遇失敗時會感到不開心，甚至想放棄，那就只是事業。但如果有一件事情，就算一再失敗，你還是會一次比一次開心、一天比一天投入，到最後，甚至癡狂到拚了命也想要完成，那就是屬於你的志業。

“走出迷惘的路徑，不是原地思考的過程，而是起身實踐的歷程。”

唯有拚命投入一件別具意義的事情，我們才有足夠的證據去判別「志業」，才能找到迷惘的出口。

如果有一件事情，就算一再失敗，
你還是會一次比一次開心、一天比一天投入，
那就是屬於你的志業。

與其麻木前進，不如勇敢迷失

你必須在深知自己會受傷的前提下，
再繼續往黑暗邁進一大段，才有機會抵達迷惘的終點。

03

篤定，是因爲曾經迷茫

地震發生那天，我準備要休學

一條真正屬於你的獨特道路，

絕不會是別人開好的「正道」。

沒有迷茫過，怎麼會有篤定的人生？

為什麼小時候的人生更常是篤定的？

我想過要當動物星球頻道的主持人，因為可以到世界各地冒險；也想過要當太空人在宇宙漂浮；科學家聽起來也很酷，感覺可以建造一座超大的太空梭，或是阻止火山爆發。那種可以肆無忌憚作夢的感覺真的很棒，不是嗎？你有多久沒有這種感覺了？

開始升學之路後，我不再恣意想像未來。考上明星高中、考上臺大、出國留學……我曾經以為那些是我的夢想，直到我真的得到了，才在夢醒時分發現，那一切都不是我想要的。

意想不到的夢想殺手

「迷茫」對剛上大學的我來說，就像是我的專屬殺人凶手。他似乎不會消失，永遠躲在陰影處，每當我獨處的時候才展開行動。在升學體制下長大的你，還懷有夢想嗎？那是屬於你的熱情，還是社會的期待？

”對你來說，是成為別人眼中的成功案例重要，還是找到自己的路比較重要？“

這些問題成天獵殺著我這隻迷途的兔子。從大一開始，同學就叫我冒險王，我學會用精采的生活躲避迷惘。我參加了系上的排球隊、羽球隊、網球隊、足球隊，以及臺大足球校隊，還同時參加兩個社團、學西班牙文跟德文、參加系上大大小小的活動、號召同學單車環島、組登山隊上山，而且總是規畫著下一趟獨自的旅行。在學校的生活隨時有朋友相伴，獨自一人的時間也看似五彩繽紛。再加上對來自臺中的學生來說，那是一個臺北還很好玩的時代，假日臺北人會約「北漂青年」出去玩到深夜，下個假日再一起「南漂」出去玩。就這樣開啟了大夥沒完沒了的相互邀約。

我們都被升學體制給壓壞了，十二年來被灌輸要「寒窗苦讀」，讓我們的心被囚禁在那小小的窗扉裡，而此時則發狂似地破窗而出。身為大一新生的我們是多麼自由，沒有真正的後顧之憂，唯一要煩惱的是選擇太多。要選修西班牙文還是德文？要去登山社還是志工社？下學期要出國交換還是去企業實習？「反正還有大三、大四」成為金句，只要沒被退學，安穩的未來似乎離我們就不遠。

可是漸漸地，有些人玩著人生，就失去了衝破迷茫的衝勁，麻木地變成別人想要的樣子，或是跟隨身旁多數同學選擇職涯。「不要想太多，我們才大學耶！」他們會這麼說。

然而進入社會之後，他們總是持續換工作，然後告訴我：「所有工作我都能做好，但都不是真心喜歡。我的生活不缺什麼，但我真的好累。」歡樂歲月如烈日，烘乾了抵抗迷茫的淚痕與汗水，於是好好的人、有夢的人，都變成了一張乾扁扁、縮成一團、充滿皺摺的傳單。考上理想的大學、獲得安穩的人生、迎合他人的認可，卻終究失去了自己，那景象真讓人不甘心啊。那時我才發現，**原來安逸的生活才是真正的殺手，而夢想就是在這個時候死掉的**。

為自己做出選擇

大一大二那兩年，有個幽靈一直在我耳邊低語：「眼前就有大路可以走，為

原來安逸的生活才是真正的殺手，
而夢想就是在這個時候死掉的。

什麼要走異途？」「跟大家一樣，不是比較輕鬆嗎？」「既然知道自己有多幸運了，就要知道滿足。」但我就是過不了心裡的坎，我已經被升學體制奪走了一次找尋自己的機會，為什麼還要回頭去迎合它們？「我不要！」我每天都死命地掙扎：「我真的可以找到熱情，然後把它變成一份能夠長期經營的志業！」

然而，對於一個從未認識自己的大學生來說，緊抓著內心的那份不安，是一件非常折磨人的事情。我記得學期的最後一天，也就是每一個寒暑假長途旅行前的晚上，我總會睡不著。不是因為太興奮而失眠，而是因為夜深人靜的時候，失落感總是席捲而來，彷彿在質問我：你怎麼可以過得那麼自由，卻不知道自己是誰？我躺在床上盯著天花板，心裡很清楚，在每一趟的壯遊結束後，自己依然要回到這裡，面對求學的迷茫，面對社會與父母的期待，以及面對我那一片空白的未來。

旅行之後回到學校，我都努力跟自己對話。我常思考這份迷惘的成因，發現從國小開始，讀書、補習、超前學習占據了大多數的時間，而我從來沒機會好好去想自己究竟喜歡什麼？為什麼學習？想過什麼樣的生活？**也從來沒思索過自**

己的價值，是不能由分數來定義的。

有一陣子，我一直去煩系上同學，問他們：「你為什麼會想要念經濟？」「以後想要做什麼？」然而，系上的同學們會玩、會運動、又會念書的人很多，「知道自己為何念經濟」的人卻很少。「分數到了就念啊」是我聽到最多的答案，「因為想出國留學吧」也有些人這麼說。日復一日，我越陷越深，覺得自己在校園裡格格不入。我跟同學們打成一片，一起闖禍也一起玩耍，但是在追求未來這件事情上，總覺得自己是個異類。我不知道要如何安置內心的叛逆，只知道必須盡快為自己做出選擇，因為，這是我從來沒有機會做的事情。

二〇一五年四月二十五日，我永遠忘不了那天，椰林大道上的天空很藍，兩旁的花叢間還留有幾片杜鵑殘花。我獨自騎著腳踏車，去行政大樓拿了一張休學申請單，沒跟任何人說我下學期不回學校了，就這樣一個人等待著學期的結束，想像著全新的開始。

篤定的原物料，就是迷惘

當時我才大學二年級，過著再正常不過的大學生活。遞出休學申請單前的那天晚上，原本該是這麼一個稀鬆平常的夜晚。我會去系足球隊練球，接著一群人去吃宵夜，回宿舍洗完澡之後，再隨便翻個書。

突然間，桌上的手機嗡嗡作響，每響一次就有一張照片傳來。點開照片，我看見倒塌的房子、破碎的教室，流離失所的村民……在其中一張夜晚拍攝的照片裡，全村的居民蹲在臨時搭建的遮雨行棚下面。他們穿著單薄的衣物坐在潮濕的泥土地上，一位媽媽一手緊抱著孩子，一手撐在地上，在餘震中驚惶未定。一場規模七點八的大地震震碎了尼泊爾，震央是一個叫做廓爾喀（Gorkha）的山城，離首都加德滿都車程約七個小時。廓爾喀正是我就讀高一時曾經擔任短期志工的地方，照片中那些街道我都還依稀認得，只是大地的容顏卻已面目全非。

看著過於真實的驚悚照片，我立刻回想起在廓爾喀的點點滴滴。二〇一一年，還是高中生的我到尼泊爾擔任短期志工，事隔四年仍歷歷在目，那是一場我忘不了的旅程。原因並非旅程當下有多精采，恰好相反，當志工的過程中，在地人帶給我的成長，遠超過我給他們的實質幫助。我總覺得那些困苦孩子的人生，不該成為我「去看看世界」的途徑，因為他們對人生的期待，就跟你我一樣：渴望找到屬於自己的未來，勇往直前。我對於短期志工服務的本質感到困惑，甚至對於擔任志工的心態感到有些愧疚。回到臺灣後，這樣的感覺深深烙印在我心裡，怎麼樣都揮之不去。

一張張照片撬開了我心中那塵封已久的過往，廓爾喀的老師不斷傳來訊息請求身在臺灣的我籌錢，幫助他們撐過急難救助期。當下的我感覺自己穿越時空，孤零零地站在村民面前。有那麼一瞬間，我的心是篤定的，那是一種對自己的期許，是一種許久未曾出現的感覺，好像在迷茫的世界裡，我終於找回了初心。**這份「使命感」讓我拋下了自我懷疑，並試圖從龐大的無力感中掙脫**。

我立刻放下了所有的規畫，包括那張休學申請單，一心只想幫助他們度過難關。而且這次，我不想再做「一次性」、「用完就丟」的服務。我心底很篤定，我想與當地人一起尋找長遠的改變之路，而這個念頭即將改變我的人生。

以前我總是想知道，在迷茫的求學生涯，有可能找到篤定的人生嗎？現在我想告訴你：沒有迷茫過，怎麼會有篤定的人生？迷惘的消失有兩種，一種是你拋棄迷惘，輕鬆地選擇了攤在眼前的安逸人生；另一種則是你擁抱迷惘，在迷霧裡難受地尋找著未來。

”我相信，一條真正屬於你的獨特道路，絕不會是別人開好的「正道」。“

沒錯，學校沒有教我們關於追求未來的真相，也就是：世界上存在著一條只有你能走的路。當你緊抓著眼前的不安，拿出很多的勇氣擁抱迷惘，「刻著你名字的道路」一定會以最意想不到的方式，出現在你眼前。

那些困苦孩子的人生，
不該成為我「去看看世界」的途徑，
因為他們對人生的期待，就跟你我一樣：
渴望找到屬於自己的未來。

迷惘的消失有兩種， 一種是你拋棄迷惘，
輕鬆地選擇了攤在眼前的安逸人生；
另一種則是你擁抱迷惘，在迷霧裡難受地尋找著未來。

遠山記事

這段迷途的人生，讓我陪你一起走

二〇一六年初，從尼泊爾首都開始，經歷了七小時的顛簸路程，我再次回到五年前曾擔任志工的廓爾喀。大街依舊熱鬧，街上的攤販依然熱絡地做著生意。但是，在大街後面的山上，住著一群失去房屋的受災戶，這些居民原本就貧窮，房子都是以大石塊與泥土搭建，怎能抵抗規模七點八的強震？

繞過坍塌區域的轉角，數十棟擁擠的鐵皮屋出現在眼前，原來那是村民們在原本種植作物的梯田上，所搭建起的臨時居所。那房屋讓人想起早期的臺灣農村中，住家旁畜養著牛的鐵皮農舍，很難相信那就是一個受災家庭晚上睡覺的地方。當地處於海拔約一千五百公尺的山上，晚上氣溫會下降到十度以下，居民們穿著單薄，生活非常地困苦。

但是每一天，每個鐵皮屋前都會出現穿著藍色制服的小小身影；每一天，孩子們依然堅持背起書包上學。就算家中缺少衣服與食物、就算學校早已被政府列為禁止進入的危樓，在學校旁那寫著「UNICEF」（聯合國兒童基金會）的臨時帳篷中，總會充滿著大聲朗誦的聲音。這些聲音給了大家希望，就像在告訴我們：地震之後，學校沒有放棄孩子，孩子們也沒有放棄自己。

重返震央，拾起缺憾的回憶

為什麼會想要回到震央？因為，我們希望能親自把最後一批物資送達村落，並且深入在地家庭，了解居民的需求。但我知道，自己之所以會回來這裡，是因為某些特定的記憶。

二〇一〇年第一次來到廓爾喀時，我是一個想看看世界的高中生，帶著滿心期待報名了短期服務隊。從抵達尼泊爾的第一天，我就被這裡的一切拓展了視野。第一次看見八千公尺的雪山、第一次吃到南亞料理、第一次被孩子們緊緊牽起手，感受到在書本裡找不到的自我價值……一切是如此新鮮。

直到有天夜裡，我被一陣哭聲吵醒，下塌的旅館旁傳來一位母親與幾個孩子的哭聲；後來，我完全沒辦法再睡著了。那絕對不是正常的哭聲，嘶聲裂肺的聲音，透過薄薄的牆壁傳了進來，我感到毛骨悚然，只好把自己裹在棉被裡。街上的野狗也像感應到什麼一樣，開始不斷狂吠。那瞬間，好像有人拿了一根針，把這段旅程中圍繞著我的粉紅泡泡戳破，牆壁另一頭的真實世界毫不留情地朝我傾倒，它包圍著我、逼視著我、命令著我面對現實。隔天，隔壁家庭的父親被一條布蓋著抬了出來。這時，我心裡有個聲音對自己說：「你整天都在學校裡，被歡笑的孩子包圍，自詡為志工，自以為被需要，但你從未走進田野。當他們真正需要你的時候，你什麼都做不了。」

我開始問自己，我們來到這裡蓋了校舍，卻沒有提供教學方法；我們離開之後，學校也沒錢請老師來上課，這些教室有什麼用？我們來這裡教英文，離開之後，那些單字無法連成完整的句子，孩子們要怎麼運用英文找到更好的工作？我們捐了電腦，但當地沒有人會修電腦，師生要如何避免電腦一臺接著一臺壞掉？我們甚至來教中文歌，孩子用了一個禮拜的時間，把張懸的整首《寶貝》背了起來，但是到最後，我們留下了什麼？

為什麼超過三十個服務隊來過廓爾喀，居民卻沒有改變？到最後，上對下的服務模式究竟是幫助了在地人，還是剝奪了他們改變的機會？這些問題顛覆了整趟旅程的意義，別過頭去很簡單，但我就是做不到。

再給我一次教育的機會

所以，我才帶著一群大學同學回到這裡，許多人都是震後的捐款人。我跟 Emily 安排隊員每天跟著同一位孩子回家，透過訪談與量化問卷，針對食衣住行、經濟、衛生、教育等進行完整的數據搜集。為什麼要用數據描繪在地需求？我告訴大家，我們在做的事情不是短期專案，不會立即見效，更不會讓你充滿成就感；我們之所以這麼做，是要為長期計畫打下決策基礎。當時正值寒冷的冬天，有些同學甚至每天都要走兩個小時的山路，翻過一座山才會到孩子家裡，但是大家願意相信我們，不僅沒有抱怨，還很認真地完成任務。

有一天，我遇到一群在外閒晃的當地青年，小心翼翼地問起地震的事情。沒想到，他們一個個搶著說故事，用誇張的肢體語言重現地震當下，逗得彼此哈哈大笑，連我也不例外。悲劇經由他們過水烹煮，竟成喜劇上桌。

沒錯，這是一個特別的地方，而他們都是特別的孩子。急難救助期之後，聯合國、紅十字會等大型組織紛紛離開，居民生活回歸穩定，也漸漸走出心裡的陰影。然而，平時在街道上閒晃的孩子卻多了起來，原來，震後經濟水準下降，加上學校毀損，竟造成空前的輟學潮，區域內有百分之四十二的學生在震後失學。

「你們以後打算做什麼？」我隨口發問，然而那一剎那，笑容從他們臉上消失。他們面面相覷，其中一位較年長的青年勉強擠出笑容：「不知道，不要問我以後的事。」我看見他們對於未來的許多無奈與恐懼，遠勝於對地震的害怕。被迫離開學校之後，他們看不見未來，這才是真正的迷茫。

對孩子們來說，找未來，無疑是一段漫長的旅程，但是，那些曾經停留的國際服務者，卻沒有人願意長期留下來。為了深度了解教育的困境，我跟 Emily 到學校拜訪校長，卻發現一批國際公益組織「ROOM TO READ」捐贈的圖書，全都被鎖在校長室裡。校長說：「這些書要鎖起來，如果小孩把書弄壞了，國際組織就不會再捐東西給我們了。」聽完後，我們愣在原地，難以相信國際組織的援助竟成了阻力。後來，我們請當地鐵匠製作了書架，把這些書放回教室，卻發現沒有閱讀習慣的學生們，根本不曾去翻閱書籍。

最震撼的，是看著那些地震之後無力負擔學費的孩子們被迫離開學校。一旦輟學，男孩們將淪為童工，或是變成離鄉背井的移工；未成年的女孩們則將被迫嫁給素未謀面的男人。學校裡，每一位孩子都害怕下一個離開學校的就是自己。校長告訴我們：「地震後家長沒有錢付學費，下學期，很多孩子都會失去教育。」

當時，我多希望臺灣能有一群人，一起幫助這群站在邊緣的學生。如果受教育是窮人的「異途」，我想陪他們一起走。

我希望臺灣能有一群人，
一起幫助這群站在邊緣的學生。
如果受教育是窮人的「異途」，
我想陪他們一起走。

LLS
VERIDGES

chapter 02

經歷失敗

如果倒地不起的你夠慘，
記得自拍一張

Ishwor的故事

媽媽說明天開始，我要去做工

Ishwor狂奔下山，他跑得很快，眼淚在他臉上被吹乾。一路上，他跳過石塊、鑽過倒塌的電線竿，雖感到精疲力竭卻沒有停下來。他只想見到他的家人，Ishwor記得今天爸爸待在家，妹妹會幫忙媽媽種田，「你們千萬要在那裡！」他心想。轉過最後一個轉角，眼前的景象卻讓他再也沒有辦法往前。那個曾經是家的地方，變成了一堆石塊，家不見了！

這時地表又震動了，他無力地坐倒在地上，在最絕望的時刻，媽媽的聲音從遠處傳來。他看見他們了！在遠方的梯田上大家揮著手，「Ishwor過來！」鄰居也協力喊著他的名字。

之後的日子大家露宿街頭，也不知道過了幾天，才終於領到了物資。成年男子們搬著地上的鐵皮，撿拾別人不要的帆布，勉強架起一個避難所。一個月之後，大家才拿到足夠的鐵皮，決定在梯田上蓋新房子，但也有人不僅沒拿到建材，還失去了土地。這些人只能投靠地主，以勞力換取居住權。再遇到同班同學 Susmita 的時候，Ishwor 看見她從一頂帆布帳篷裡鑽出來，Susmita 的父親半身癱瘓，母親正為地主整理田地。Susmita 變得好瘦，一頭捲髮像壓在她身上似的。

三個月之後，外來物資漸漸充足，居民度過了最關鍵的時期。這時，學校傳來消息，告訴大家即將重新開學。Ishwor 興奮得睡不著，他終於可以見到朋友了！但是隔天晚上，他被媽媽叫了過去，母親緊緊攢著他的手，告訴他：「明天開始你不用去上學了，你要去工地搬石頭，幫家裡賺一點錢。」Ishwor 想忍住不哭，但視線還是糊成一片。隔著那片水牆，他聽見媽媽小聲說：「如果我們付了學費，就會沒有錢買食物。」

同學們會背著書包經過工地，看見他們後，Ishwor 一句話都不說，只是安靜地看著。有時候，今天穿著制服的同學，隔天就會出現在工地裡，越來越多的小學生變成雜工。Ishwor 有種奇怪的錯覺，好像工地慢慢變成了學校。漸漸地，孩子們都習慣了這種生活，對他們來說，這樣反而變得更簡單，他們只要專注當下就好了，根本不用思考未來。

這天，Ishwor一如往常拖著疲憊的身子「下班」回家，卻發現媽媽拿著制服在等他，「你明天要回去上學！大家都會去。」Ishwor一時反應不過來，愣在原地。「校長打來，說那些給我們衣服與食物的臺灣人，願意付學費讓你們上學。」Ishwor看著自己髒兮兮的雙手，想起很久以前，這雙手是用來拿筆寫字，而不是用來拿榔頭的。

隔天早上，Ishwor把背包翻出來，重新裝滿書本背在肩上。他突然嚇了一跳，跟工地裡裝滿磚頭的竹簍比起來，以往沉重的書包顯得好輕盈。他立刻飛奔到學校，遠遠就看見同學們都回來了，近一點看，除了那坍塌的邊坡，一切彷彿回到了從前。但Ishwor有種說不出來的恐懼感，自己明明獲得了追求未來的門票，可是為什麼「受教育」反而讓未來變得好沉重、好遙遠？

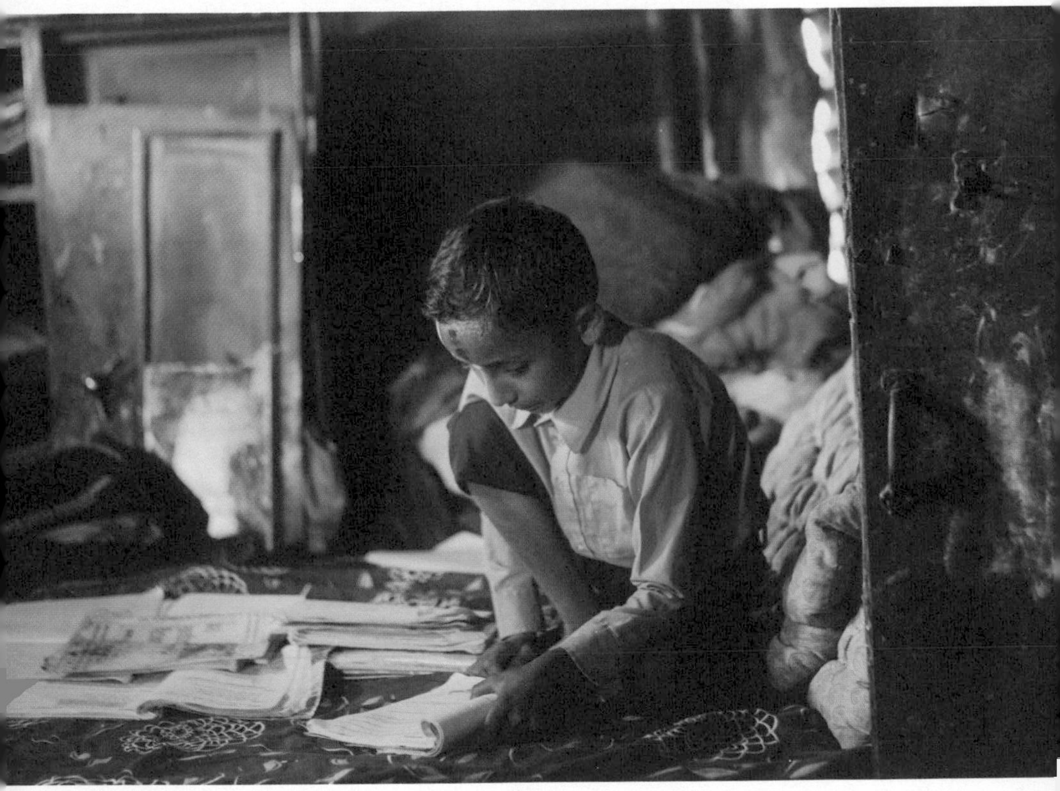

01

失敗是失去，還是獲得？

一段徹底失敗的美好時光

失敗是一種「獲得」，付過學習代價的人才不虛此行。

正因為失敗過，我們才能變得更強大、更坦然，

也才能闖出一條屬於自己的路。

「你們團隊比起別人，有什麼樣的優勢？」記者把手機遞過來，螢幕上顯示著錄音模式。

「失敗過比較多次吧！而且每次都摔得非常徹底、非常醜。」我笑了出來，心想這不會寫進去吧。**這個社會總用異樣的眼光看待失敗，但，究竟是失敗比較可怕，還是去嘗試比較可怕？**

每當我回憶起剛創業的日子，都會覺得那是這五年來最有趣的時光。正因為我們懂得太少，旁人的建議很容易牽動我們，讓兩個傻子橫衝直撞往復迴旋，成了飄在暴風中的風箏。

當時的樣子可謂狼狽不堪，短短半年內，我們做出了各種極為荒謬的決策，過著失敗即日常的昏暗生活。然而，卻也因此訂立了「大膽嘗試，不怕失敗」的團隊DNA，還獲得了說出「謝謝你的建議，但我們自己有想法」的勇氣。

失敗敲醒過於理想化的我：尼泊爾圍巾大亂鬥

「群眾募資需要回饋品喔，就是給資助者的小禮物，你們想好了嗎？」

把時間拉回集資之前，我們在群眾募資顧問公司「貝殼放大」執行長林大涵的辦公室裡燒著大腦。「有！」嘿嘿，我心想，終於有一題是我們回答得出來的。我們送了大涵圍巾，這條尼泊爾的喀什米爾圍巾立刻獲得了高度評價，作為回饋品再適合不過了。

當時，我們仍然不知道「遠山呼喚」應該要用什麼身分創立，更重要的是，團隊的長期資金該從何而來？有許多業師、社創圈的前輩都建議我們成為「社會企業」，而非「非營利組織」。所謂社會企業，就是指做好事的「公司」；而非營利組織就是不能賺錢、但可以募款的「法人」。兩者是完全不同的，前者有商業模式，是把賺到的錢投入服務；後者則沒有商業模式，而是透過政府計畫、企業贊助、大眾捐款來投入服務。

當時是一個「社會企業」聽起來很潮的時代，能夠賺錢又可以助人，這才是

究竟是失敗比較可怕，
還是去嘗試比較可怕？

長遠之道。沒有任何捐款管道的我們，立即被這概念給吸引了。於是，「圍巾」就成了「成為社會企業」的核心，而作為集資計畫的回饋品，正好能在集資結束後作為商品大力推廣。一切都看似非常完美。

我們透過尼泊爾的朋友，認識了一個圍巾工廠，在集資啟動前先訂了一百條圍巾。然而，集資的成果超乎預期，於是我們又臨時加訂了一百條，並先在臺灣製作了五百個精美的圍巾盒子。趁著暑假出差到尼泊爾的時候，我們前往圍巾工廠取貨。當地人帶著我們轉進一條巷子裡，然後又轉進更小的巷子裡，接著停在一棟民宅前。「這……就是圍巾工廠？」門打開了，我頓時覺得心涼了一半。這棟三層樓的民宅就是工廠，而且紡織機都非常古老，好像隨時會散掉。外頭庭院則放了一個大染缸，裡頭已經變成黑色的，不同顏色的圍巾，竟然是共用同一個染缸！

老闆娘熱情地出來迎接我們，先請我們喝茶，再叫小弟拿貨來。五十條正紅色的圍巾裡面，竟然有三種不同的紅色！粉紅色、桃紅色、絳紅色。我拿出色票卡告訴老闆娘，我們要的是正紅色，她卻笑著指指整疊圍巾說：都是紅色啊！

我看著圍巾脫線的收邊，以及充滿幽默感的顏色，當場就快要崩潰了。別說有人會買，連群眾集資的捐助人都不會接受吧！

我把錯誤的顏色一條一條挑掉，過程就像是與老闆娘的一場大決鬥，挑出來的失敗品，還會被她再放回來。「別生氣，深呼吸，忍住啊！」我不斷告訴自己。我和老闆娘說，我們要去廓爾喀出差十天，這期間她必須立即再生產一批貨，不然我們無法支付尾款。後來，我們帶著勉強通過的圍巾回到臺灣，自己拿剪刀剪掉脫線的收邊，寄送給了群眾募資參與者，總算獲得了很好的評價。我至今仍感到非常慶幸，謝謝這部恐怖片在創業早期便提前播出，因為，**失敗不是竊走樂觀與自信的小偷，而是將理性思考物歸原主的警察，也是如實呈現世界真相的歷史學家。理性思辯、不過度理想化，並不等同於「剝奪樂觀」。理性反而是一種最忠實的陪伴，只要讓它伴隨著你，就能保留住內心的樂觀。**

然而，體驗過在地商人無法生產品質穩定商品的「尼式幽默」後，我們運用圍巾成為社會企業，然後創辦遠山呼喚，幫助更多孩子上學的創業夢碎了一地。對於我們兩個來說，未來的日子真是前路茫茫，欲哭無淚。

失敗帶著我傾聽內心：我們差點變成了公司

圍巾計畫大失敗以後，我們又陷入了混亂，有人再度建議我們嘗試社會企業，有人則建議我們成為非營利組織。這些人都是成功人士，或是社會創新圈的前輩，他們從自己的成功經驗出發，對我們投出各種變化球，有時還搭配著「成立之後我會幫你」的話語誘打，而兩個傻傻的大學生就這樣被不斷拉扯，遲遲無法下決定。尤其是在交流場合，看見那些同樣在社創圈草創，今日已經成了社會企業、並有明確方向的團隊，更是讓我們受盡挫折。

討論團隊要以什麼身分成立的時間看似沒有盡頭，漸漸地消磨了我們的鬥志，到最後我們終究沉不住氣了，決定先成立公司，以社會企業為目標發展。畢竟公司申請只要不到兩週，而成立非營利組織，則要跑整整半年的行政流程！首先，我們先到學校對面的臺灣銀行開了戶頭，根本什麼概念都沒有，還煞有其事地討論股權，並且跑完了其他程序，最後一步，就剩下簽名了。

我看著那空白欄位發呆，只要簽下去，前方的道路就會變得更踏實。然而，每一次我和 Emily 兩人都無法下筆。我發現，問了那麼多的業師跟前輩、聽了那麼多的指導跟建議，我唯獨沒有問過自己的心。於是，我對它說：「對你來說，最重要的是什麼？」它馬上回答：「孩子的長期教育。」

於是我意識到一件事情，那就是，在詢問諸多前輩的過程中，我想要被他們認可、想要被外人視為一位走在軌道上的創業者；我害怕自己在他們眼裡成了優柔寡斷的決策者，也害怕團隊一直停滯不前。然而，這一切的核心並非外人的眼光，更不是我的個人感受，而是遠方孩子的未來。我現在應該做的，是去思考如何把教育做好！當我找到教育的答案，我也找到了屬於我的路。正因如此，我們成為了現在的非營利組織。

”世界上沒有所謂的正道，當所有人的目光都注視著你，期待你跟隨多數人的腳步前進，你就更該去確認自己的初衷。“

其實我更喜歡它的另一個名字：「心錨」。我總覺得，在狂風巨浪之中有它拉著我們，就再也不怕迷航。

失敗教會我換位思考：臺灣最先進的資助平臺

事件的起因，是我們想要打造臺灣最先進的兒童資助服務，並認為這樣的平臺一定能吸引到長期捐款人。何謂先進？當捐款人透過手機，登入私人會員平臺之後，他們會看見孩童的近期相片、影片等生活實況，到課率、成績等學習數據，還有身高、體重等健康數據，以及孩子的心情留言。資訊會每月更新，還會自動繪製成趨勢圖。這些資訊從何而來？每個月，當地的社工與老師會輸入數據，後臺便透過演算法自動計算，並呈現在資助人的頁面上。

我們還真的把它做出來了！連自己都不敢相信。那陣子，我們幾乎沒有休息，沒日沒夜地趕工。Emily 還因此去修了寫程式的課，結果發現一切艱深難懂，只好跪求課堂助教幫忙寫網站，而助教竟然也答應了。後來卻發現，只憑他一人之力難以做到，於是找來了業界的專業工程師救援，才終於合力做出了這個平臺。

我們滿心期待地發布了，但是出乎意料地，我們心目中臺灣最先進的資助平臺，卻因為不符合使用者的習慣，竟然只有百分之二的使用率。當時的感覺就好像衝到了馬拉松終點，去了半條命，卻被告知一開始就走錯路了。

但也因為有這次的嘗試，我們才學到了如何站在「使用者」的角度思考。不只是捐款人的經營，在海外的第一線，我們也學會拋開先入為主的觀念，運用「以人為本」的服務設計思維，輔以事實與數據，做出每一次的決策。這對於遠山呼喚的影響非常巨大，也正因有這次的失敗，我們才發現一對一的資助並不是正確的服務模式，而是必須串連政府、社區、學校，共同扭轉整個區域的教育環境，才能長遠地解決在地的困境。

經歷了這一連串失敗之後，我們在二〇一六年底，按例舉行了資助人年會。活動來到了捐款人提問時間，其中一位捐款人起身發言，她第一句話就說：「遠山呼喚給我的感覺就是一直在變。」我僵在座位上，心跳好像漏了一拍，但她接著說：「但正因為有這些嘗試，才讓我決定繼續捐款，因為我覺得他們才剛起步，就一直在嘗試新的做法，也不怕面對失敗。很期待能看到他們以後的發展，明年年底我也還想再來，謝謝。」當下，我真的非常感動，就算每個人看向同樣的東西，也可能產生截然不同的想法。

”所謂換位思考，便是一種同理別人的練習。當同理成為一種習慣，你的世界將擁有更多視角，變得更加豐富，也才能看到他人真正的需求。“

其實在經歷這段掙扎的日子前，我都以為失敗是一種「失去」，但創業之後我才知道，失敗是一種「獲得」，付過學習代價的人才不虛此行。正因為失敗過，我們才能變得更強大、更坦然，也才能闖出一條屬於自己的路。

02

倒地之後，夢想才能扎根

我與聖母峰登山家

原來連結空想與夢想之間的，

是一條又一條的疤痕，

倒地之後掙扎爬起來的次數，終將決定征途的長度。

在絕境裡萌芽的夢想

即便大雨奔流而下，一行人在艱難的狀況裡仍然下切河谷。我勉強睜開眼睛，專注地看著她的步伐，每一步都看似如此悠閒、如此熟練，溼滑的山路彷彿成了後院的青石小徑。我努力複製著一樣的腳步，很快就找到了平衡。跟著秀真姐爬山有一種魔力，好像會在不知不覺間進入最佳狀態，最終能與山對話。然而，我依舊難以想像，眼前這個人第一次站上聖母峰的時候，我才剛出生。

世界上存在著許多偉大的登山家，但是優越的能力以及對於冒險的渴望，往往讓他們越走越孤獨。然而，眼前這位臺灣登山家，從世界七大洲的最高峰「轉身」之後，竟然持續把愛山的臺灣人吸引到身邊，並花了十年的時間投入登山教育，最後把山走成了一所學校。

一九九五年第一次登上世界最高峰珠穆朗瑪峰的時候，秀真姐才二十五歲。二〇〇六年，因為優異的體能以及豐富的經驗，她獲邀加入挑戰世界七大洲最高峰的探險隊，成為隊上唯一的女性成員。

二〇〇七年探險隊攀登美洲最高峰阿空加瓜峰，秀真姐獨自在海拔五千五百公尺的高山遭遇暴風雪，竟被困在山上兩天兩夜。她在瀕臨死亡的極端氣候裡，獨自與死神拔河。「毀滅性的想像接踵而至，我不禁恐慌地想著：這一回，我能活下來嗎？」她用攝影機錄下當時認為是這輩子最後的一段話，也與天神約定，如果她能活下來，一定會帶著自己的經驗投入教育。

二〇〇九年第二次從珠穆朗瑪峰下山之後，江秀真成為了第一位完成珠峰南北面攀登的華人女性。當親友問她接下來要做什麼時，她毫不猶豫地回答：「要把未來二十年的人生貢獻給登山教育。」

為什麼在絕境裡，我們能把夢想看得更清晰？因為充滿挫折的當下，內心往往格外深刻，讓我們能更專注地感受生命中最重要的事情。這時候，只要你勇敢凝視內心，便會知道何謂夢想。

充滿挫折的當下，內心往往格外深刻，
讓我們能更專注地感受生命中最重要的事情。

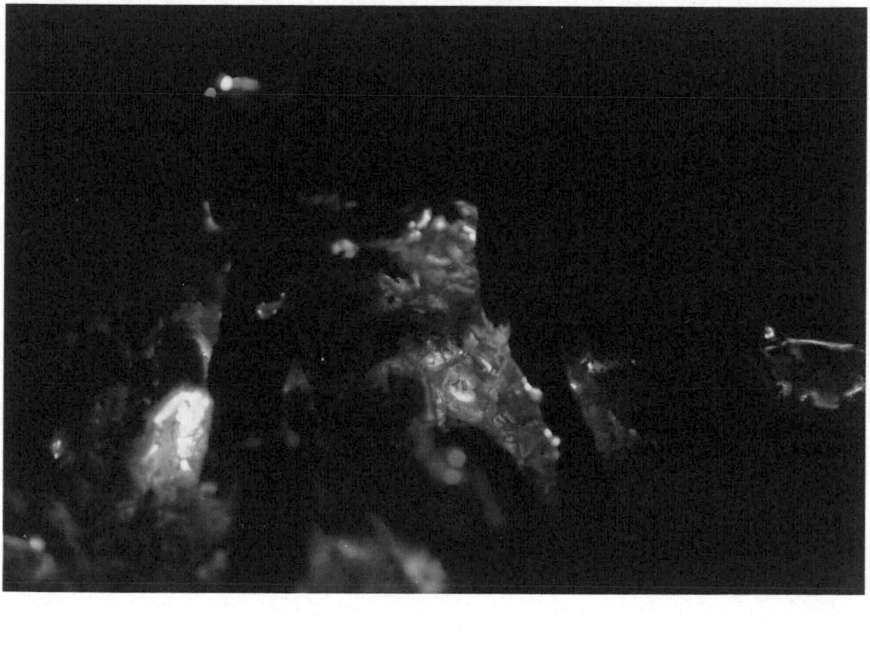

一夢十年的勇氣

聽到那洪亮的聲音，接著看見和藹的笑容，我在學校裡的咖啡店一眼就認出了秀真姐，那天正好是她開啟人生新篇章，來臺大念大氣科學碩士班的第一天。是與她同行的乾媽發現，隔壁桌有人一直偷偷觀察秀真姐，於是大方地揮手，邀請「粉絲」們並桌同座。

我們熱烈地分享著彼此幾年來的近況，她說創辦登山學校是「人間的聖母峰」，攀爬起來遠比聖母峰還要困難。秀真姐爬過無數世界高峰，職涯歷程中更擔任過高山嚮導、巡山員、生態解說員。在登山領域，秀真姐備受產官學界尊敬，可以說是匯集了所有推廣登山教育的條件於一身，然而，她卻沒有急著開始，而是選擇了一條默默修行的道路。這一累積，就是十年。

十年的人生裡，她往復走遍了臺灣各縣市的學校，累積了三千多場演講。她到法國、波蘭、日本、西藏登山學校取經；完成了嘉義大學的森林系碩士，接著到臺大攻讀大氣科學碩士，再考進中正大學成人教育博士班。她用整整十年的時間穩步前行，將自己投入無盡的修練。

”有時候，「緩慢」是一種強大的力量，當現實如暴雨來襲，扎得夠深的夢才能持續成長。夢想不急於一時，逐夢者才能堅決地找到正確的路。“

最後，我提到了自己才剛開始創辦遠山呼喚，沒想到我對於尼泊爾的描述，喚起了秀真姐攀登聖母峰的種種回憶。在攀登聖母峰的漫長征途中，她與擔任高山協作員的「雪巴族」人朝夕合作，並深刻地看見了尼泊爾人的貧苦與掙扎。她告訴我們，那些協作員在冰河裂隙之間求生存，他們的孩子卻依舊在貧困的環境裡，盼望一份穩定的未來。

從此，這群需要幫助的人就住進了她的心底，我們彼此的回憶也在這間咖啡店奇蹟似地交會。那天下午陽光普照，一切顯得如此輕鬆隨意，彷彿在這九月天裡，未完成的夢想終將交疊。

隨後的創業日子裡，我們時常在校園碰面，也偶爾吵著秀真姐帶我們去爬山。幾年下來，我們一起爬了雪山、北大武山、五天六夜的中央山脈北三段縱走，還有連續兩年，尼泊爾的安納普納峰基地營，以及環線的長途健行。

那兩年，秀真姐為了幫遠山呼喚募款，自願擔任領隊，號召了一大群朋友到尼泊爾公益健行，並且把盈餘全部捐給遠山呼喚。每一趟公益健行來回就是十幾天，但是為了遠山，她總是無怨無悔、樂在其中。我從來都不知道為什麼自己能如此幸運，當還是一個學生的時候，就有這麼一位備受尊敬的前輩，願意全力支持我的夢想。我只知道，如果哪天我有能力，也想用盡全力傳遞這份幸運。

記得秀真姐剛進臺大的時候，總是愁眉苦臉的。每次約見面，她都會疲憊地告訴我：「我從來沒有接觸過物理、化學、微積分這些學術訓練，現在要跟上受了四年訓練的臺大學生，才能準時畢業。真的很崩潰！」而緣分有時就是湊巧到讓人難以置信，最後，我們在同一天畢業了。對於夢想的決心，終究讓秀真姐撐了過來。

年復一年，她成了遠山呼喚的一座靠山，默默地陪伴在我們身邊，讓我們能夠在吶喊出心中的煩惱之後，再次找回初心。同時，年輕的我們正潛移默化地改變追夢的姿態，因為秀真姐攀登人間聖母峰的每一步，彷彿都在對我們訴說：**夢想的重點不在枝葉的高度，也不在開花結果的速度，而在於扎根的深度。不論成功與失敗，都是最好的累積。**

倒下、流血、被嘲笑之後

第一次帶隊前往尼泊爾的時候，超過半數以上的人得了類似諾羅病毒的重病，包含我自己。高燒不退，加上上吐下瀉，讓我只能攤在床上。第二天，我不知道哪來的傻勁，獨自出門爬山到學校，想要跟隊員們一起工作。然而，走了二十分鐘之後，我就倒在路邊狂吐，還好隊員跟翻譯在遠遠山坡上的學校看到了我。翻譯沿著山路衝了下來，正好旅店老闆也騎重機來找我，他們合力把我架上機車，直接前往村落醫院。一路上，我感覺不到我的手跟腳。

要說這是醫院，不如說是一間空空蕩蕩的倉庫比較適切。我的腦袋一片昏沉，但是看著眼前的一切，我突然發現比起高燒不退，我更恐懼醫院裡的針頭。天知道那根針頭是從哪裡來的，我的想像空間不斷延伸。俗話說，殺不死你的必會讓你更強壯，但是在我們出差的地方，用來讓你更強壯的東西，也可能會反噬你。直到最後，醫生告訴我不用吊點滴，我才沉沉睡去。醒來之後，醫生給了我一包橘子口味的電解質粉，跟幾顆怎麼看都大得太誇張的白色退燒藥丸，叫我不要再亂跑了。但更慘的事卻接連發生。

當我漸漸恢復之後，一位隊員卻摔倒撞破了頭，大量鮮血沿著她的臉流下來。在旁邊的志工、村民、孩子都嚇傻了，大家隨後圍了上去，一位媽媽一手抄起髒抹布，一個箭步衝上去，眼看就要捂在她頭上的傷口，這時我們趕緊遞上乾淨的毛巾。她被架上重機，一路晃到同一家醫院縫了好幾針，我看著她長髮被剃掉一整塊，感到非常自責。身為這次出隊的負責人，我不敢想像如何面對她的父母，還記得走進醫院的時候，我的心跳得有多麼快。林子鈞你怎麼會幹這麼傻的事情，怎麼敢把一群同學帶來震央？但當我看到她的時候，她卻指著自己的頭，笑著對我們說：「新髮型！」當晚，我們用視訊聯繫她的父母，他們很理性地討論目前的情況，過程中竟沒有一絲責怪，我真的非常感謝他們。

回到臺灣之後，我們奔走籌款，希望能阻止孩子們輟學。在一些創業圈的場合，我們常會被介紹給一些「業師」，都是穿著西裝的成功人士。其中一位聽完後，大笑著對我說：「你才多大？大三欸！你要怎麼樣？你要把這一百個學生放在自己肩膀上直到他們長大嗎？你是笨還是傻了？我告訴你，你不是念臺大嗎？那先去把書念完再說嘛！」

當時，我跟Emily雖然才大三，卻像是兩個剛出社會的人。像這樣的意外、打擊跟嘲笑成了我們的日常，起初的同伴們也陸陸續續離開了我們，去追尋自己的未來。團隊從五個人變成只剩兩個人，大家都覺得這條路太冒險了，根本不可能成功。

> **”一無所有的人、看似脆弱的傻瓜也有資格冒險嗎？我覺得重點從來不是手上有多少資源，而是我們的心有多堅定。“**

一路走來我們未曾退縮，也從沒想過要放棄，更沒有想過要在每一次犯錯之後輕易放過自己。挫折反而成了我們的精神糧食，比起失敗，我們更怕不去冒險。吞得下不堪的嘲諷，也能承受接連的打擊，這就是遠山呼喚的創業精神。後來，我們跟當初那位潑冷水的業師變成朋友，他親眼見證了我們走過五年的草創之路。

在第一線，我們就從那一所學校、一百個孩子慢慢做起。我們不去想教育規模能變得多大，而是專注於眼前每一位孩子的學習，用心同理他們的感受，並一個接著一個帶孩子回到學校，為他們排解人生的困難。久而久之，在那看似沒有希望的山城，村民漸漸接納了一群沒有經驗的臺灣青年。教育成了我們共通的語言，我們用五年的青春學習，如何從講得生澀到朗朗上口。

回頭一看我才發現，原來連結空想與夢想之間的，是一條又一條的疤痕，倒地之後掙扎爬起來的次數，終將決定征途的長度。直到今天，我們依然聽著困境裡的孩子輕聲訴說，也陪著渴望改變的村民期盼未來。

如果你的夢想無比重要，十年一夢又如何？

一無所有的人、看似脆弱的傻瓜也有資格冒險嗎？
我覺得重點從來不是手上有多少資源，而是我們的心有多堅定。

03

夢想有終點，理想卻不會改變

斷絕唯一財源的那一刻

夢想是關於自身的期許，是個人目標的實現；

而理想是對於世界的期待，是價值觀的實踐。

有時夢想的傾倒，就是理想前進的樣子。

「抱歉，我們還籌不到錢。」我在課堂中傳訊息告訴校長，校長也坐在教室裡，但那是一間距離我們幾千公里、連燈都沒有的教室。三月，學期仍未結束，卻已經有越來越多孩子輟學，眼看四月尼泊爾年假的到來，我們心裡都慌了！當下校長無心監課，而我們則無心上課。大家都不安地想著：若那時我們仍一籌莫展，開學日會是什麼樣的慘狀？

此時此刻，我跟Emily帶著隊員平安返臺，在大學生與創業者的雙重身分之間奔波。根據志工隊搜集的數據，尼泊爾當地家庭的平均每月收入是三千元臺幣，這樣的錢要養活一家五口，要支付重建家園的開銷，還要支付孩子們的學雜費，根本是不可能的事情。開學之後，我們寫遍企畫書拉贊助，也參加各種創業競賽，最後只獲得五萬元的競賽獎金。「你們可以再出一次志工隊，就像上次你把舉辦志工隊的盈餘捐給學校重建一樣，這筆錢同樣可以用來支持孩子上學，我們真的很需要這筆錢。」校長回覆我。雖然我知道在窮途末路之下，這似乎是唯一的財源了，但我的內心還是陷入掙扎。

我知道自己真正害怕的是什麼。在現實層面，短期志工隊是當時唯一能快速籌措到資金的方式；可是，在內心深處的理念層面，這樣的模式與遠山呼喚追求「長期教育」的目標背道而馳。

”你覺得夢想跟理想是同一件事情嗎？是夢想的成敗定義了人生，還是追逐理想的姿態？“

在現實壓迫之下，夢想、理想有可能維持原狀嗎？不是的話，我們又該如何選擇？

你選擇吃飽，還是有尊嚴地餓死？

坐在微積分課堂裡，我想起兩個月前在震央經歷的一切，想起了學校的重建，想起了學校裡的師生，想起了校長慌張的樣子，也想起了Anita。

第一次見到Anita是在黃昏的時候，正進行探勘的我們在一間樓房前觀望。不久之後，綁著兩條髮辮的女孩開心地出來迎接我們，因為較晚就學的關係，她的年紀比同級生大了四歲，身高也高出許多。她大方地轉身領著我們走進家中，原來這是一棟合租公寓，她和家人只住在其中一間。

室內空間實在太小，於是Anita邀請我們到頂樓，與母親合力搬出三張椅子與三杯熱奶茶請我們坐下；而她則是雙手放在外套口袋裡，縮著肩膀站著吹風。從頂樓往外看，群山被夕陽照耀著，風不斷路過這棟山邊的樓房。「我想當軍人。」她突然開心地對我們說，這時，我才注意到牆邊擺著一雙破舊的軍靴。在依然重男輕女的尼泊爾，那是我聽過最酷的夢想！

我們接過熱奶茶，說：「謝謝你，你的母親好親切。」她卻回答：「她不是我媽媽。」身旁的社工問她：「媽媽去挑柴火了？」她低下頭，盯著地上，小小聲地說：「我小時候，父母就離開我了。爸爸娶了另一個女人，媽媽也改嫁了。是阿姨領養了我。」

女孩的阿姨著急地告訴我們：「她的父親其實住在距離約三天路程的村落中，最近突然出現在門口，想找這孩子說話，希望能帶走她，去跟新的家人住。」我彎下腰試圖找到女孩的目光：「可以跟我們說你怎麼回答嗎？」她搖頭說道：「我還不知道。」

當時，我看見阿姨的落寞，與孩子的徬徨。我好希望我們不在那裡，這樣Anita就不用回想起這些讓她難受的事情。當時我們都理想地認為，等她成為資助兒童後，資助金能把她留在愛她的阿姨身邊，但現實竟是如此出乎意料。

Anita每天都會出現在學校，她懂事、孝順而且努力，並一心想通過國家考試而成為軍人，但現在，她卻永遠不可能做到了。因為寄人籬下不代表穩定的生活，也因為我們沒有足夠的能力，來不及支持她繼續教育之路。

回憶的門被打開了，我的思緒一下回到課堂上，一下又飄向遠方。

這一次，我們翻越了一座山，不小心訪談到太晚，眼看天已經要黑了，我們只好急忙離開。當時正逢冬季，氣溫降到只剩下五度，快步走了一段時間之後，突然有人叫住我們。

方才接受家訪的母親追上我們，與我們身上厚厚的羽絨衣相比，她只穿著破舊的衣物加上一層紗麗。狂風毫不留情地刮著山坡，不過，那位母親無比堅定地站著，急迫地問我們：「你們要離開了嗎？你們走了之後，我的孩子即將失去教育。可以幫助我讓小孩上學嗎？」

一群學生就這樣呆立在原地，無法給她明確的答覆。當事情的成敗關乎一個孩子的未來，那句「我們會盡力」顯得多麼無濟於事，彷彿在對著那位母親宣告：你的孩子沒有未來。

在實踐理想的路上，當發現自己退無可退。這時你會堅持理念，還是與現實妥協？

如果堅持發展長期教育的理念，代表將有一百個孩子會失學變成童工，你還敢繼續堅持嗎？但如果屈就了現實，選擇能快速籌到錢的短期志工，你又怎麼對得起自己？我把自己拉回教室裡，試圖冷靜下來思考，卻一次又一次碰壁。二十一歲的我游移在理念與現實之間，覺得自己快被撕裂了，最後我做了抉擇，再出一次志工隊。

在實踐理想的路上，發現自己退無可退。
這時你會堅持理念，還是與現實妥協？

與其
麻木前進，
不如
勇敢迷失

夢想的傾倒，理想的起手式

同一年的暑假，第二屆志工隊前往尼泊爾。出乎意料地，在我們籌辦的過程中，許多舊志工都自願幫忙，甚至成為領隊協助我們領導團隊。在第一線，我們擴大搜集資訊的規模，不只走進當地家庭，更訪問在地教育關鍵人物，還到教育局取得了歷史教育數據。

同時，我們協助學校建立教育制度。以前鎖在校長室裡的圖書，被妥善分類到各年級的教室；接著，志工們將震後的雜物間變成閱讀室，還教導全校師生查字典。「一個好的閱讀習慣，比擁有一千本書來得重要。」我聽見志工這樣告訴老師。對於這批志工來說，這不是一趟玩樂的旅程，他們接下了舊志工未完成的工作，把自己看作長期計畫之下的重要推手。每一天我們都開會到晚上十點，爬梳搜集來的資料，並準備隔天的任務。

志工隊的盈餘成功將許多學生留在學校，校長一再表示，希望我們再帶志工隊回去。志工隊的消息透過舊志工被傳遞出去，剛回到臺灣沒多久，就有許多學生前來詢問如何報名，而我們也著手籌辦第三屆志工隊。

然而，我們擔心的事情還是發生了。在第三屆的服務過程中，我前往區域外的學校探勘，無法全程陪伴隊員。沒想到，有別於過往成熟的隊員，這次不成熟的人全湊在一起，晚上的討論時間變成開趴時間，白天隊員們自發性地帶自己關注的孩子去吃大餐、看醫生，甚至許下自己無法履行的承諾。氾濫的同情心蒙蔽了服務的意義，孩子們的需求，成了他們自我實現的工具，曾經受傷的異地，成了他們的娛樂場所。家長們怒氣沖沖地質問校長：「為什麼他有衣服、可以看醫生，而我們家的孩子沒有！」

當時的我感到非常自責，也很難過，不知道要怎麼面對失望的校長，不知道怎麼面對當地人。但同時我也知道，服務形式的優劣並無絕對，臺灣年輕人同情貧童也沒有錯，我覺得錯的是我，一開始就沒有足夠的能力，為團隊創造第三個選擇。

“有時候世界不給你選擇，不是因為它存心衝康你，
而是在提醒你：你的能力還不夠支撐你的夢想，
是時候該成長了！”

當下，我們人雖然還在尼泊爾，但我跟 Emily 就立即決定把經營兩年的志工計畫中止。狠下心把團隊花了兩年累積的一切切除，那感覺真的很痛，就好像內心被挖了一個大洞。

我永遠忘不了那天，當我們鼓起勇氣去告訴校長這個決定的時候，他語帶懇求、慌張地對我說：「沒關係，真的沒關係！下次不要這樣就好，家長已經不生氣了，你們可以再帶志工來的。」眼前的景象讓我好難受，卻也讓我更加堅定自己的理念：教育不應該是這個樣子，不應該淪為短期的施與受。我相信教育要長期深耕，也應該要讓當地人有尊嚴、有信心。我看著這片溫柔的山城在心底默默發誓，有一天，我一定會回來實踐這個理念。

我深深相信夢想是關於自身的期許，是個人目標的實現；而理想則是對於世界的期待，是價值觀的實踐。因此不論成敗，所有的夢想都會有終點，但是理想是絕不會輕易改變的。有時夢想的傾倒，就是理想前進的樣子。

回到臺灣之後，我知道自己一無所有了，但內心卻感到無比自由，好像走出了一條漫長幽暗的隧道。志工隊是我們唯一的財源，卻也是絆住我們去成長、去

創造、去推翻不可能的最後一根繩索。正因為當時做了這個決定，才有接下來的修練與重生，也才有現在的遠山呼喚。

你對於自己活在世上的樣子有所期待嗎？其實最幸福的，何嘗不是對「理念」有所堅持的人？因為只有他們，才能有作不完的夢。

不論成敗，所有的夢想都會有終點，
但是理想是絕不會輕易改變的。

遠山記事

我告訴震央居民，我們做錯了

在尼泊爾工作的時候，我一直很想融入當地，所以我不喜歡一切的歡迎儀式，不喜歡校方為我們準備特殊的座位，不喜歡孩子為我們的到來起舞，更不喜歡打擾本該在田裡工作的家長們。如果可以的話，我只想跟當地人一起坐在臺下，在印著聯合國標誌的塑膠墊上曬大太陽，一起聽校長冗長到不行的演講。比起被看作高高在上、充滿距離感的組織領導人，我更想成為當地的一分子。這樣，我才能知道他們在想什麼，才能懂他們的心情，才能站在孩子的視角看遠山呼喚的未來。如果一定要上臺的話，我會請尼泊爾社工代表致詞，讓當地人知道自己也有能力改變未來。

「Please make it short.」每次發現校方再次擺好我的座位，我都會這樣告訴校長。有時我覺得，當地人根本不可能把我們視為自己人；偶爾，我也會有些怨恨他們所接觸過的服務者——那些帶著大批物資短期停留、只為了拍照的異國人士。我想告訴他們，來自臺灣的服務可以不一樣，所以，當他們想要把我們高高捧起時，我偏不讓他們得逞。

然而，真正被當地人接納的時刻，卻跟我想的不太一樣。

如果留在學校，我會沒有未來

自二〇一六年首次集資成功後，我們將資金投入廓爾喀的國小，連續十八個月以來，大幅降低了輟學率。然而，在田野中的訪談卻讓我看見數據上無法顯示的隱憂。有次我們訪談一位孩子的母親，她說自己背著丈夫，偷偷把資助金都存起來。「他有時會喝酒到很晚，還把錢都賭光。還說為什麼錢要拿來付學費，讓小孩去工作就好了。」說著說著她就哭了，翻譯與社工上前抱著她，「我好怕，我的孩子快要離開我了。」她依偎在社工懷裡，泣不成聲。

多數在廓爾喀的日子，我都會刻意經過 Susmita 的帳篷前。我一直很關注 Susmita，地震後這位女孩的父親半身癱瘓，母親在地主的農田上辛苦工作，只為了換取一家人在路邊的荒煙亂草中架起一頂帳篷的生存權。Susmita 有著一頭捲髮跟全校最開朗的笑容，那笑容彷彿能沖走一點悲傷。當地社工告訴我，Susmita 的母親沒受過教育，她不懂為什麼要送孩子去上學，其實，很多家長都是這樣想的。

回到國小教室裡，我會坐在最後一排聽老師上課，孩子們會轉過來對我眨眨眼，或是吐個舌頭爭取關注一下的眼光。教室的桌椅，是用了幾十年的「木條」拼接而成；這桌椅好矮，然而坐定之後，我卻因此獲得孩子的視角。我往上看去，充滿裂痕的天花板上沒有燈，前方書架上一本書也沒有，黑板早已斑駁不堪，根本連寫東西上去都有點困難。那個當下，我覺得很心疼，如果是我的話，一定也會逃離學校，去工地上班賺錢。這些孩子還能忍受多久呢？這些事件讓我發現，「資助金計畫」這種單純給錢的服務模式充滿裂痕，充其量只能短期地將孩子留在學校，根本不能扭轉問題的核心：區域的教育環境。

二十一歲的我突然覺得自己好渺小，兩個大學生要怎麼解決這麼龐大的問題？這個區域內有上千個孩子，就算給了這所學校資助金，孩子們畢業後，仍然會到另一所學校陷入同樣的環境。果不其然，在升學階段，好不容易畢業的孩子們紛紛輟學了，就連才三年級的孩子也漸漸離開學校。當時，一位小男孩說出這樣的話：「如果留在學校，我會沒有未來。」

絕路重生：教育種植計畫

我不喜歡一切流於形式的服務，更不能忍受做出沒有效益的計畫，因此在輟學情況再次發生的半年前，我們就開始了翻新計畫的大工程。我們一邊彙整上千筆的研究數據，一邊以小規模的「模型計畫」進行實驗，找出要翻轉教育環境的關鍵面向。同時，我們也評估著計畫長期的資金需求，並在臺灣籌備著新型態的募款機制。

那正是我們升上大四、準備成立非營利組織的時期。我們計畫同時準備，並且接連進行三件龐大的工程：招募定期定額資助人、開啟「教育種植計畫」、撤除「資助金計畫」。一旦有一個環節無法銜接，或是沒有規畫好釋出的時間點，整個計畫就會付之一炬，當地的輟學率也會回到震後百分之四十二的慘狀。

那是一段驚心動魄的日子。大二的時候，光是一場一百二十萬的群眾募資，就讓我們準備了半年，還險些難以負擔。現在，更是只有三個月的籌備時間，第一階段就要募集一年五百萬的資金，而且是以難度更高的「招募每月定期定額捐款人」的方式執行。同一年，光在尼泊爾要發起一項新計畫，至少都要三個月的時間；而現在，我們必須在多所學校同時實驗超過十項計畫，而且每項都要經歷多次的修正與驗證。

這場行動的變數太多、時間太少、成本過高、風險也太高。我感覺自己站在一顆印著「募款計畫」圖樣的足球上，手上拿著一個名為「教育計畫」的盤子，而盤子上放著一顆叫做「輟學率」的脆弱雞蛋。每前進一步，都要擔心另一個計畫是否會傾倒。

然而，正因為經歷過大二時期的集資，在大三撐過無數的失敗，還跟著老師學習了專業的經濟研究思維，累積了無數有意義的數據與經驗，更在過程中獲得了能夠承受巨大壓力的冒險性格，我們似乎在規畫這場行動的一開始，就掌握了決策平衡，竟在搖晃的基礎下穩步前進。在海外，我們也不再是孤軍奮戰；遠山呼喚在當地成立了社工團隊，並且獲得許多校長、老師、家長的支持與信任。這條組織的「重生之路」，讓大四一整年的光陰飛逝，而我們不願向現實低頭，每一天都帶著這個團隊往前邁進。

我們真的在畢業之後成功募了款，創立了「教育種植計畫」。教育種植計畫是一個跨校的區域性計畫，涵蓋了當地多所主要的國小、國中、高中。孩子們只要進入小學，就能在計畫中沒有斷層地升學。在校園以及社區內，教育種植計畫透過四大專案，翻轉孩童身處的學習環境。這四大專案分別為資助金計畫的修正版，也就是以申請制提供助學金的「教育資金專案」，改善學校師資、教材、硬體環境、實體課程的「學習資源專案」，翻轉家長排斥教育觀念的「親職參與專案」，以及協助孩子找到自信、提早規畫職涯發展的「內在動機專案」。每個專案之下，更細分為多項子計畫，我們還為每項計畫設立了相對的數據搜集管道，以及成效統計指標。

當時，我以為最難的挑戰已經過去了，然而事實卻完全不是如此。

承認失敗，比堅持更需要勇氣

在教育種植計畫開跑前夕，我們還有最後一件事要做：宣布終止既有的「資助金計畫」。當天晚上，我獨自躺在旅店的床上自問自答：「我該怎麼告訴在地人，我們做錯了？」對廓爾喀居民來說，我們是他們見過有史以來最年輕的教育組織。「如果我們失去了在地人的信任，怎麼辦？」過去一年努力堅持下來的過程、那些因為募資期將至而失眠的長夜裡，我都沒有感受過這麼大的壓力。那時候，我才真正意識到，原來承認失敗這麼難。我想著「明天在孩子眼中，我會變成什麼樣的人？」然後我問自己：「遠山想變成什麼樣的組織？」

這讓我回憶起震後探勘期間，我們逐一拜訪當地學校，發現許多校園中都充滿了閒置的物資。其中，有一間學校的外牆上被畫滿了韓國國旗，然而一走進去，我卻看見布滿灰塵的電腦教室。校長生氣地說：「這裡根本沒人會修電腦，而且捐電腦的韓國組織也沒有回來過。」在走訪各個學校的過程中，我們發現老舊的圖書館、沒人知道怎麼用的化學實驗室，甚至是荒廢的人造咖啡田，這些專案的數量出乎意料地多。有些組織似乎認為，服務就是把物資送達在地，然後留下痕跡就好。服務模式的新增、刪減、轉變難以避免，然而在變動的過程中，這些組織省略了平等的溝通；這或許維持了組織的形象，卻失去了在地人的信任。但是，如果與在地人的溝通淪為「我到了、我做完了、我走了」的告知，如果服務者心中只有「我」沒有「你」，國際組織要怎麼帶領在地人走得長遠？對遠山來說，信任是一切的基石，互動模式絕不能建立在施與受的心態上。於是，在發布教育種植計畫前夕，我們做了最後的決定。

資助金計畫的撤除，會牽動超過一百個家庭的經濟，家長們都已經到場，等待聆聽這項消息。這一次，我們拿掉帽子與墨鏡在大家面前站定，看著校長、老師、家長與孩子，用英文說出：「抱歉，地震之後我們沒有做出最正確的選擇。」這是一場沒有糖衣的溝通，我們詳細解釋了原因，接著說明了新計畫的修正方向，以及我們做出的取捨，也真實分享過程中的心路歷程。社工用尼泊爾文一句一句地翻譯著，臺下的家長與孩子鴉雀無聲，而校長則默默地點著頭，仔細聆聽。烈日照在我們臉上，照得我們無處閃躲，但我們早已下定決心要說出內心感受。「如果可以的話，請讓我們再嘗試一次。謝謝你們的聆聽。」這個典禮就在臺下一片竊竊私語中結束。

沒想到在那天之後，家長們並沒有讓孩子休學，反而把孩子送到學校，就學率不降反升。老師們也開始願意對我們說出內心的想法，甚至自願加班支持我們的專案；而校長四處奔走，為專案連結資源。我們跨校串聯起一個教育聯盟，開始全面改善教育環境，家長看見了學校環境的轉變，紛紛出席家長日的活動關注教育。關鍵人物凝聚在一起，大家都動起來了！教育種植計畫實施兩年之後，當地輟學率下降至百分之二，而該年度的升學率，則上升至不可思議的百分之九十八。

要在困難中堅持下去，需要的是強勢、倔強、韌性，但是要能承認失敗，卻要學著展現完全不同的特質，那便是柔弱、謙虛，與誠實。這些特質看似軟弱，卻往往讓人願意靠近你，甚至對你說出真心話。

承認失敗有時更需要勇氣，在關鍵時刻，柔弱何嘗不是一種堅強？

chapter 03

追求成長

你已經很棒了！
所以準備好被罵了

Ishwor的故事

如果繼續留在學校，我沒有未來

回到學校之後的Ishwor並不開心。這段在工地的日子，讓他開始懂得思索自己的人生，也學會肩負家人的未來。

但只要在學校，他都覺得自己的人生卡住了。他發現這裡的一切毫無意義，教室裡沒有燈、書櫃上沒有書、老師自己也看不懂教科書。他感到一股深切的無奈與憤怒，並告訴媽媽：「如果留在學校，我會沒有希望，沒有未來！那還不如去賺錢，這樣妹妹還不會那麼早被嫁掉。」

在鐵皮屋裡，媽媽抱著他哭了起來。

早晨下了一場雨，Ishwor匆匆出門上工。他在一條岔路口停了下來，左邊是前往工地的路，右邊是熟悉的上學路，他能看見學校孤單地佇立在山坡上，身穿藍色制服的人影正陸續前往學校。但是Ishwor的腳步沒有動搖，他轉身往工地走去。如果人生沒有未來，今天的方向何須猶疑？一切都不重要了。

一個月之後，Ishwor告訴媽媽自己以後想出國工作，沒想到媽媽生氣了，她非常嚴厲地告訴Ishwor，變成移工之後，你的生命就不是你自己的！她說：「你不要聽工地的人亂說！你們學校那個Rosan，他的爸爸出國工作之後就不見了，以前還會每隔一陣子寄錢回家，但是有一天就突然沒了消息，他的母親根本什麼也做不了。如果你有天也不見了，妹妹怎麼辦？」

不久之後，校長打電話給媽媽，叫她送Ishwor回去上學。一想到學校過往的環境，Ishwor就用力搖著頭，他早已下定決心不要回去。但是，沒想到媽媽非常堅持，要他明天就去上學，Ishwor暗自後悔：「早知道就不要跟媽媽說我想要出國工作了。」隔天一早，Ishwor穿上制服，再度回到學校，卻發現學校多了一間圖書館及電腦教室，每間教室都放滿了書。碰！這時Anish放了一本書在他桌上，他從來沒看過這麼厚的書。

「這是字典，可以幫助你看懂英文。」Anish是班上成績最好的學生，他熟練地翻閱著字典，教導Ishwor如何使用。不出一下子，Ishwor就看得眼花撩亂，他把頭靠得好近好近，幾乎就要貼在桌子上。接著，他用小小的手指掃蕩著螞蟻般的字句，最後，他終於成功找到了一個單字！Anish 用力為他拍手，他開心地笑了。

學校好像有些變了，多了些額外的課程與設備，老師上課的方式也不一樣了。最奇怪的是，放學之後，媽媽竟然坐在空地上，跟幾十位家長一起坐在臺下聆聽講座。Ishwor 知道媽媽沒有受過教育，「這樣的話，今天算是她第一天上學嗎？」他忍不住偷笑。

一位穿著藍色制服的社工穿梭在人群中，Ishwor 在地震之後看過她們，沒想到還有人想要留下來。他盯著掛在社工脖子上的相機，好想伸手摸一下，而這一刻就像是今天的寫照。他打開了字典、閱讀了新書、還偷偷跑進電腦教室戳了一下鍵盤，學校充滿了新奇事物。看著眼前的景象，他突然也想對無望的人生試著伸出手，探詢自己是否可以有個不一樣的未來。

01

敢夢敢想，不代表有資格夢想

謝謝你對我說：沒人在乎你的夢想！

出社會之後，名片可以唬人，

但是追逐成長的姿態絕對騙不了人，

面對舒適圈所做出的選擇，終將定義我們的人格特質。

創辦遠山呼喚之前，我一直以為，成長跟學習是一樣的事情。但我錯了，**學習是外在技能的提升，成長是內在的提升；學習的過程是有意識的，成長卻往往回過頭才會發現。最重要的是，學習的過程可以是快樂的，而成長的過程絕對是痛苦的。**

懂得這些道理的過程，本身就是一場痛苦的經驗。我記不住那天聽見的所有字字句句，但至今仍忘不了當天的場景。一閉起眼睛，就能回到當下。

你的夢想，我他媽的不在乎

二〇一六年初某個寒冷的夜裡，我與 Emily 一起步入了一棟辦公大樓，準備前往一家新創媒體公司拜會創辦人，希望能為遠山呼喚爭取到一篇線上報導。

搭著電梯抵達最高樓層，櫃檯人員領著我們走進前輩的辦公室，創辦人匆匆遞給我們名片，他的桌上堆滿了圖表，辦公室裡有點悶。我們坐下來開始介紹遠山呼喚，他專注地聽著，並時不時追問我們問題，過程中，我感覺到質問來得越來越急躁，他的臉色也越來越差。十分鐘之後，他暴怒了。

只見他憤怒地抓起桌上的圖表，說：「你不要跟我說哪裡的小孩很可憐，全世界那麼多小孩都很可憐，你們要怎麼全部都幫？然後你們說要幫他們做什麼，幹！聽清楚，我他媽的不在乎啦！我跟你講清楚，沒人在乎！我問你未來三年的財務規畫，你答得出來嗎？」

我們沉默。

「你們要怎麼長期拿到資金，詳細的短中長期規畫是什麼？說出來啊！一直群眾募資喔？」

我們沉默。

「拿掉熱情，你還剩下什麼？」他指著我問。

沉默……

這些沉默引來了接下來三十分鐘的咒罵。他接了通電話，然後繼續說：「你們不要講自己是創辦人好嗎？看不懂財務報表、沒有財務預測、沒有能力做長期規畫、整天耍嘴皮子，還好意思說自己是創辦人喔？我看了都不好意思了。」我感覺辦公室裡的空氣被抽光了，彷彿再過三秒，我就要窒息了。

「你說啊！你跟我說，為什麼這些人願意在這裡加班？誒，你什麼都不會，他們願意跟著你嗎？」他轉頭指向玻璃窗面，那個晚上七點多仍然人滿為患的辦公室。

「如果你問我，我會叫你們乾脆不要做了啦。別那麼天真，你要知道，這個世界沒人在乎你的夢想！」他指著另一邊的窗戶吼著我們，而我只能傻傻地往他指的方向看去，外頭是暗夜裡的臺北天際線。「之前另一組學生來，我也這樣告訴他啊。告訴你們，我問到他們哭！因為一問三不知你要來幹嘛，拜託喔，不要浪費我時間好嗎？」

如果你二十歲，坐在我的位子上，被不屑的目光掃視著，你會怎麼做？大哭一場嗎？暴怒離去？還是默默承受這一切？

感謝願意認真罵你的人

前輩似乎罵得有些累了，但是仍用尖銳的目光掃視著我們，就好像在等我們崩潰一樣。當下才過了不到十秒，我卻覺得已經過了一個小時，但我發現我的心裡沒有委屈，只有一股難以遏止的憤怒，衝著無用的自己而來。這股怒氣像是失控的洪水，再次沖刷了我方才被擰乾的內心，當下我的心裡突然有股衝動，想衝回學生系辦公室的白板前，拿起筆解決所有我剛剛答不出來的問題。

前輩似乎發現我們終究是不會哭了，竟用比較緩和的語調說：「好啦，今天就先這樣，以後要想清楚。」

「你會建議我們短期內先做到哪些事情？」我脫口而出，而他愣了一下，我猜八成是在想，這小子討罵是不是？「我會建議從財務規畫開始，然後擬訂每個月的KPI，等資金慢慢穩定了再說。因為你們現在都還沒有嘛！」講到最後一句，他竟然露出一點笑容，瞬間辦公室裡的氣溫好像回升了一些。最後，我們被請了出去，沒要到報導，卻得到了更珍貴的東西。

每次回想起來，我發現我喜歡當時的每一刻，喜歡自己手足無措的樣子，因為在內心一片兵荒馬亂、血肉模糊之際，我沒有被擊倒。我喜歡前輩不留情面的語句，因為他讓我知道，在現實世界面前，自己有多脆弱；我喜歡在下樓的電梯前，Emily 沒頭沒腦地跟我說了一句：「其實還滿爽的」，然後我們苦笑了一下。那時我就知道，不用一個人面對未來的困難，因為我們還有一個不會輕易認輸的共同創辦人。

真實的成長，往往存在於你想要忘記的黑色回憶裡。當我們被現實的利刃劃開，才能看清楚自己骨子裡是什麼做的，這種沒有施打麻藥的「自我解剖」就是成長的開端。

我很喜歡一句話：成長的速度，就是你覺得過去的自己是白痴的速度。在往後的路途中，我才終於知道當時的自己是什麼樣子，真不敢相信當時竟然會有一位前輩，在自己的事業如此忙碌之際，願意花將近一個小時開導兩個大學生。我至今仍然非常感謝他，正因為不留情面，才讓我們在二十歲的創業初期就學到一件事情：

> 敢夢敢想，不代表有資格夢想。擁有實質的能力，才能在夢想的航道中持續航行。

為了讓孩子們獲得長期教育，我得更努力才行。

成長的軌跡，存在於舒適圈之外

「你不是想做公益嗎？那為什麼要去修那些管理學院的課？」這個問題不只來自於同學，也來自於遠山呼喚的團隊成員。遠山呼喚才剛成立一年，沒有人能理解為什麼我急著要跳入商管的世界；但我內心很清楚，正因為目標是創造長期教育，遠山不能一直停留在辦活動、出志工隊、捐物資的「社團思維」裡，我們必須以經營組織的「企業思維」看待未來。

但是，這談何容易？關於如何經營組織、如何平衡財務收支、如何規畫長期策略、如何催化影響力的成長，當時的我一概沒有能力思考。我只知道，有時候事情的答案往往埋藏在舒適圈之外，於是從大三開始，我憑著一股直覺走進未知

每次回想起來，我發現我喜歡當時的每一刻，
喜歡自己手足無措的樣子，因為在內心一片兵荒馬亂、
血肉模糊之際，我沒有被擊倒。

的領域，有意識地選修商業、管理顧問、策略經營的課程。當時尼泊爾兒童的狀況危急，我清楚地知道自己沒有時間慢慢學，因此，挑選的全是必須先通過競爭激烈的嚴格篩選，才有資格錄取的高壓課程。

對於才大三、就讀社會科學院、而且毫無商管基礎知識的我來說，要跟大四、研究所的管理學院學長姐一起競爭，下場怎麼想都會很悲傷。修過課的學長直白地告誡我：「你現在連試都不要試了，大四再說吧。」

雖然知道不可能，我還是憑著一股傻勁送出了申請書。這門課叫做「解決問題理論與實務」，由波士頓顧問集團（BCG）與臺大管院合開，被稱作是臺大最難錄取的商務課。一送出申請，我就告訴自己：「忘了它吧。」沒想到有一天我竟然收到信，被告知進入第二階段的工作坊！

要說是工作坊，不如說是五十個人的團體面試。當天的面試規則很好懂，學生們必須不斷在節奏飛快的課程中舉手搶話語權。最後，能給老師良好印象的人錄取；而讓老師沒有印象、或是留下負面印象的人則離開，就是這麼簡單殘酷的競爭。嗯，我死定了。

到了教室，我看見學長姐們都穿著正式的西裝或是套裝，每一個看起來都頗有氣勢。只見教授游刃有餘地把大家拉進激烈的思辨歷程之中，當我們回答了問題之後，他要嘛用犀利的回覆一刀捅死你，要嘛把你的言論攤在黑板上，讓其他學生跟你捉對廝殺。只是，多數情況都會演變成多對一的屠殺。

可是在那個當下，我驚訝地感覺到自己喜歡這一切，我熱愛運用邏輯解決問題；我欣賞學長姐精采的發言，但同時也有勇氣推翻他們；我聽不懂如海浪般湧現的商業名詞，但似乎能憑著直覺翻過浪區；我不怕發言之後教授的批評，以及學長姐隨之而來的哄堂大笑。那個當下我好開心、好享受，甚至忘了這是一場面試。**我發現每個人都有獨特的天分，但是並非所有人都能找到它。**

> **”有時候，走出舒適圈才能與天賦相遇，也才能找到持續成長的熱情。“**

饗宴的尾端，教授竟然直接叫我的名字，指定我發言。而我也毫不猶豫地說出了教授的心中所想，感受到自己已然存活了下來。

如果不夠痛，不要騙自己在成長

於是，一段痛苦的修練時光開始了。無止盡的熬夜、消化沒聽過的概念、跟同組學長姐學習、出席與業主的會議、撈資料、分析訪談與數據……那學期，時間流得像焦糖一樣慢，而我則像隻蚊子，時而吸附著糖分成長，時而被淹沒在糖衣之中險些窒息。我一邊扛著遠山呼喚馬不停蹄地前進，一邊苦讀著經濟系必修的課程，疲憊感時常讓我覺得自己被燃燒殆盡。

幾個月之後的某一天，時間將近凌晨四點，我踏出管理學院的門，發現自己站在風雨中有些恍惚。我扶著路旁的腳踏車前行，終於找到自己的車，獨自在寒流的夜裡騎著車回宿舍。濕冷的臺北下著無情的雨，腳踏車發出嘎吱嘎吱的聲響，寒風掐著我的脖子，雨打在我的外套、臉上、鞋子，我卻連想要從書包側面抽出傘的力氣都沒了。好冷，好想睡覺，手凍得發疼，視線也有些模糊，我真的好累好累。當下我拒絕承認，也不敢再多想，但這是第一次、也是唯一一次，我真想要就這樣倒下去。

直到一年之後，我才發現遠山呼喚已走上了完全不一樣的路，轉捩點就發生在這段痛苦的時期。我們的思維從天真、感性的學生泡泡裡孵化，迅速變成理性、追求效率、對決策充滿批判思考的經營思維，也學會了如何扛起更多壓力。

隨後幾年，我們陸續帶了超過二十多位大學實習生，我發現當中分為三種特質：有人在舒適圈生了根，失去逃脫欲望；有人催眠自己踏出了舒適圈，卻只是站在邊緣，遇到挫折必定折返；也有人擁抱挑戰、活在油鍋裡頭，總是在疲憊與挫折中度過。

而我也總是下意識花最多時間、用最認真的態度對待「學不會舒適」的學生。那時我才驚覺，**出社會之後，名片可以唬人，但是追逐成長的姿態絕對騙不了人；因為時間久了，人對於「成長痛的耐受度」便會一覽無遺。**

面對舒適圈所做出的選擇，終將定義我們的人格特質。

有時候，走出舒適圈才能與天賦相遇，
也才能找到持續成長的熱情。

與其
麻木前進，
不如
勇敢迷失

02

不愛考試？那就更該找到學習的意義

欸，系主任叫你去他辦公室

理想是需要用專業知識捍衛的，

找到屬於自己那「非學不可的理由」之後，

不愛考試的學生，也能變成喜歡學習的大人。

開始創辦遠山呼喚之後，教室便離我越來越遠了，就算坐在教室裡頭，我也開著電腦寫著企畫書，等著教授點名。我想不通，**為什麼人生有了目標之後，我對書本裡的知識反而失去了興趣呢？**有次微積分期中考考差了，我甚至沒去考期末考。

記得那天，同學十萬火急地私訊我，說要點名了，叫我快進教室，這學期就點這次！我只好快速到位，然後便陷入半失智的白日夢狀態。我想起自己曾經很愛學習，小時候的週末，爸爸都會帶我去臺中科學博物館，對國小一年級的我來說，什麼事情都好新奇。我知道擺在博物館門口的大象骨架不是長毛象，而是「澎湖古象」，我也知道日蝕是怎麼發生的，我能說明星象的轉移，還知道許多恐龍的名字、習性、身長、演化史……下課鐘聲響起，系學會長拍了我的背。

「欸！系主任叫你去他辦公室。」

「蛤？」

「不知道怎麼了，反正主任叫你等一下去找他。」

經濟系的損友們立刻開始起鬨：「笑死，不就很愛翹課？」我認真地看著傳話同學的臉，可惡！他竟然一臉正經，感覺不像是在唬我。那一刻，各種負面假想快速鞭打了我的腦袋一輪。我真的慌了，主任怎麼會找我啊？

你也想問微積分可以吃嗎？

記得剛上大學的第一週，我把所有新生必修的「國文課」退掉了，然後在同學們一陣錯愕之下，決定用國文課的時間修德文，同時把英文換成西班牙文。接下來的學期，我選修了一門園藝系的景觀學，還修了生物產業傳播暨發展學系的課、設計學院的設計思考入門，以及心理系的必修，普通心理學。

但我就讀的是經濟系。沒錯，我不喜歡上課，除非是自己有興趣的；我不喜歡讀書，除非是我自己選的。奇妙的是臺大的學風，反而給了像我這樣的學生無比的自由，母校用「自由」告訴我們：**自己學習怎麼對自己負責**。

開始上大學課程之後，我常在思考學習的意義。讀書就是為了考試，考試就是為了有好成績，有好成績才可以申請出國交換、才能申請實習、才能考研究所、才能畢業後進好公司。這套路，人人都知道，「所以你未來想要用這些知識做什麼？」沒人知道。

「你可以告訴我，進入社會以後我要去超商買個可樂，會用到微積分嗎？這樣有打折嗎？」因此，就有了像我這樣的一個壞學生，不但找不到學習的意義，還想去「點醒」別人，拉人下水。同學們會跟著我一起抱怨，但是抱怨完就乖乖進教室上課。**有時候，我覺得在升學體制長大的我們，就像從小被細繩拴著的大象，還吃著社會灌輸的八股觀念長大，早就失去了逃脫的嚮往，不是嗎？**

於是，我成了那個在教室外的學生。別人在教室裡上課，我跑去誠品看書；別人拿著課本學供給與需求，我則拿著相機學光圈與焦距；別人在看資產負債表，我在烏來騎腳踏車看風景。「不揪喔！」同學會說，講得好像你這乖寶寶會來一樣。上了大學的我心裡有股氣，很幼稚地想報復在升學體制裡流逝的時光。「這些理論都是死了幾百年的人說的話，經濟學考題還假設人是理性的，為什麼我們還要學？」我常說這樣的話。

在升學體制長大的我們，就像從小被細繩拴著的大象，
早就失去了逃脫的嚮往，不是嗎？

站在臺大經濟系主任辦公室前，我看到同為經濟系的 Emily 也被叫來，頓時安心許多，因為她是個相對比較乖的學生，所以老師一定不是要罵我，而是要講遠山呼喚的事情。沒錯，我不愛念書，整天就耍些小聰明。

經濟研究可以改變世界？

林明仁主任匆匆趕到，請我們坐下，然後從後面書架上拿出兩本書。「送你們，這本書叫做《窮人經濟學》，在研究人為何貧窮，以及如何脫貧，推薦序是我寫的。」我接過厚厚的書，主任接著說：「我本身是研究發展經濟學的，剛好聽說你們在尼泊爾有計畫，想問你們是怎麼做的？」

我們分享了尼泊爾的教育計畫，關於我們為何前往震央，為何選擇從數據搜集做起，以及為何決定創辦組織。老師聽完後，對問卷搜集很有興趣，於是多問了一些問題。「嗯，這樣很好，沒想到你們已經有這樣的觀念，而且正在執行了！我在想，能不能跟你們一起做發展經濟的研究？你們聽起來已經有搜集問卷的機制了，我可以把政大國發所的蘇昱璇老師找來，協助你們設計問卷跟分析數據。」我心想：「哇！老師要跟遠山呼喚一起做研究欸！」接著，下個念頭是：「靠，慘了！我得先回去把手上這本天書看懂。」

自從蘇老師加入之後，我們的問卷重獲新生，瞬間「轉大人」了，從小屁孩變成成年人。整份問卷不只多了好幾頁，成了龐大且具有架構性的系統，還改成了選擇題，以減少答題的模糊空間與誤差。蘇老師耐心地解釋問卷設計，也同時叮嚀我們在第一線搜集資訊時的技巧。蘇老師曾在非洲與印度做過研究，擁有非常豐富的經驗，她所展現出來的嚴謹度，完全推翻了我對數據搜集的認知。她還表示，希望能跟我們到尼泊爾進行田野調查。

一起前往尼泊爾之後，我們帶著老師到孩子們蓋著鐵皮的家，在一旁觀摩老師的訪談技巧。為什麼這次社工最好由女生擔任？因為受訪者主要是媽媽，有些問題男生問的話，對方會不太好回答。為什麼做問卷只給一點點固定的錢？因為這樣受訪者才不會有錯誤的期待，以為你要捐助他，因而刻意說出錯誤的答案。為什麼連食衣住行的問題也要詳細追問？因為這樣才能建立完整的基準線，未來才看得出教育成果。

那段時間我讀完了《窮人經濟學》，了解到經濟學與貧窮的連結，以及外來服務者的影響。原來享譽國際的扶貧計畫，經過經濟學的嚴謹認證後，竟不是利大於弊。原來數據的分析要經歷如此嚴謹的歷程，原來經濟學真的能對世界做出這麼多的貢獻。

"原來，學習的重點不是「學了要做什麼」，而是「為何而學」。"

學習時而沉重，卻是不可或缺的工具箱，可以用來找尋理念、實踐夢想、追逐嚮往的未來，甚至塑造自己喜歡的世界。

回到臺灣之後，老師們與研究生合力運用統計學，描繪出了受訪地區的整體基準線；未來幾年，遠山呼喚都定期進行這份問卷，以比對出專案的效益。我看著老師們把書本上的知識應用在現實中，突然覺得自己以前好不懂事。我知道如果要繼續經營遠山呼喚、繼續到海外種植教育，我不能只是等著問卷上的數字來告訴我結論，而是必須持續學習。

二〇一九年，遠山呼喚舉辦四週年年會，林明仁主任也到場支持我們。他聽完我們這一年降低孩童輟學率等種種數據，在會後私底下跑來鼓勵我們，還不忘開我們玩笑：「還好當時我沒把你變成輟學率。」我的回憶瞬間回到了校園裡，回到辛亥路那棟混凝土建築的灰色長廊上，當時緊張地推開他辦公室大門的場景。我想這世界上，恐怕沒有喜歡考試的學生，但我很幸運，能遇到這些特別的老師陪我走過大學時期，告訴我學習的意義。

不愛學習，還是害怕失敗？

到了大四，同學們討論著畢業之後的規畫，而我們則開始成立非營利組織。我們深知要經營非營利組織，需要的不只是在海外營運教育的能力而已，法律、財務、會計、行銷、平面設計、使用者體驗設計、客戶關係管理等我們全都要懂。

學習時而沉重，卻是不可或缺的工具箱，
可以用來找尋理念、實踐夢想、追逐嚮往的未來，
甚至塑造自己喜歡的世界。

"理想是需要用專業知識捍衛的，找到屬於自己那「非學不可的理由」之後，不愛考試的學生，也能變成喜歡學習的大人。"

正因找到了種植教育的使命，以前討厭讀書的我才找到了學習的動力，開始重新規畫學習歷程。同時，我也開始認真還債，大四的我跟著大一新生修國文，還有連續被當了三年的宿敵「微積分」。有一天下課，我被年輕的微積分老師叫去講桌前，當時我剛獲頒臺大社會奉獻特別獎，還在第八十九年校慶受邀代表學生上臺致詞。那天臺下坐著許多貴賓與老師，沒想到他就在現場。他皺著眉頭問我說：「那天上臺的是不是你？」於是就聊到了遠山呼喚。

然後他推了推眼鏡，說出了讓我震驚的一番話：「我是覺得啦，為什麼你都已經在做這麼有意義的事情，還要修微積分才能準時畢業，以後你應該也不會用到。」一時間我不知道該怎麼回答，拍手大力認同也不是，現場懺悔求饒也不是。老師發現我愣在那裡不講話，於是接著說：「但我還是要公平，我算了算，你的期末考要八十分以上才會過。」八十分！我當下第一個念頭是，完蛋了，我不可能準時畢業了！

沒想到老師接著說：「我週末可以來學校，你就來我辦公室，我幫你加課，從頭教你。」我簡直不敢相信剛剛聽到的，一個臺大教授竟然願意犧牲自己的休假時間，來學校救一個如此叛逆的學生。「我是希望你可以畢業啦，這樣才可以繼續做有意義的事情。」我何其幸運，騎腳踏車回宿舍的路上，我想著他大可以當掉我，把我這顆破皮球踢給下一屆的老師，但是，他並沒有這麼做。

週六，老師在教學大樓裡借了一張黑板、開了不怎麼涼的冷氣，反覆將黑板寫了又擦，滿頭大汗地講述每一個觀念。老師邊說邊擦汗，粉筆灰弄髒了他的臉跟衣服。我認真聽著，**才發現過往會讓我一直逃避的，根本不是對於學習的厭惡，而是對於失敗的恐懼。**期末考的日子到了，我把每一題寫滿，然後提早交卷。我走上前把考卷放在老師面前，小聲地對他說：「謝謝老師。」然後走出教室。「謝謝你沒有放棄我。」

出了社會以後，再也沒有人會用分數來評斷我們，所以在無止盡的考試輪迴中，你必須理解學習的意義不在於分數，分數也不代表你的價值。學習是作夢的工具，是創造的基礎，也是追逐理想生活的絕佳路徑。

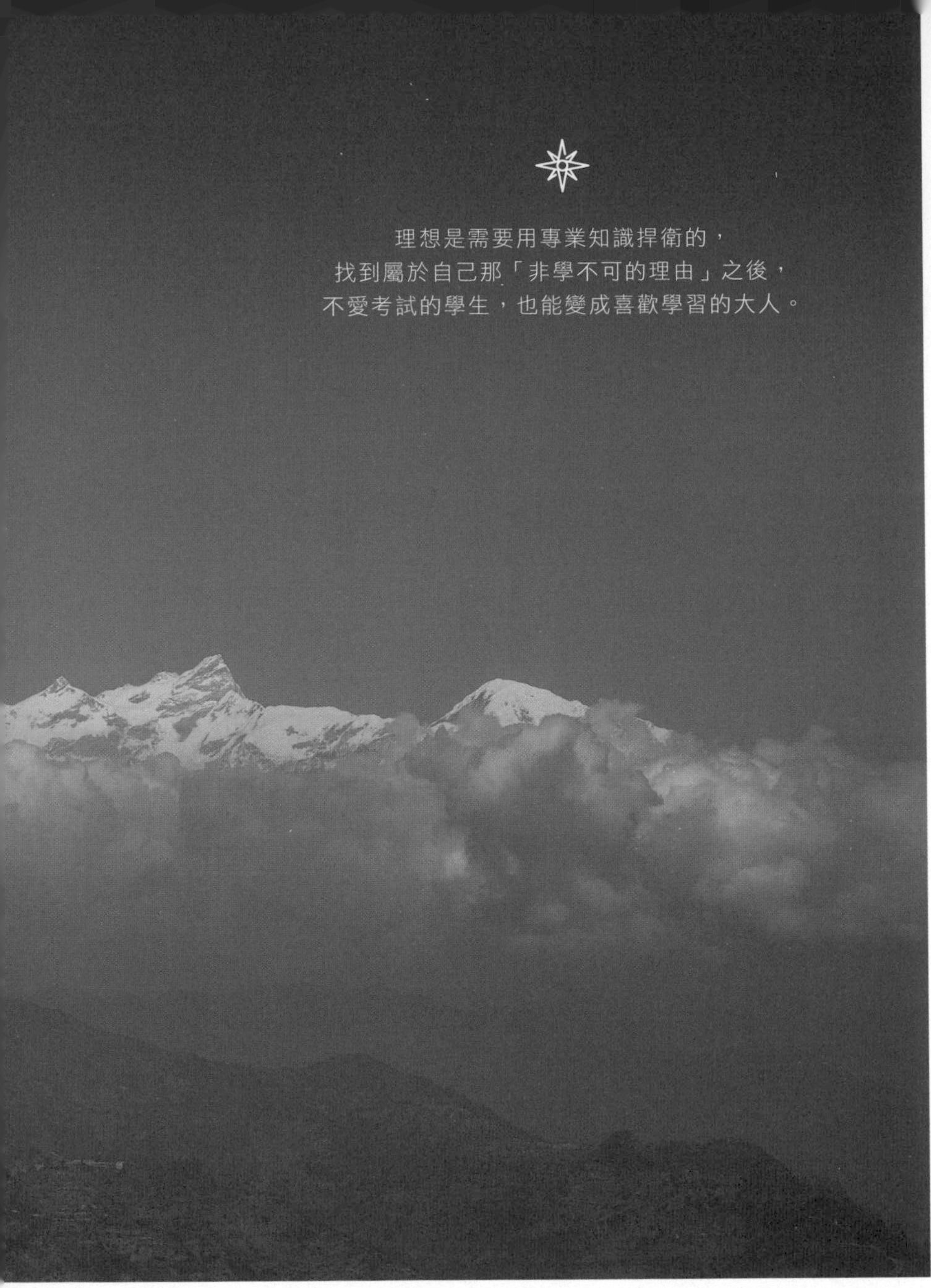

理想是需要用專業知識捍衛的，
找到屬於自己那「非學不可的理由」之後，
不愛考試的學生，也能變成喜歡學習的大人。

03

接近死不放棄的傻瓜，與他們的產地

車庫裡的奇特靈魂

我們都必須試著在心裡清出一個空間，

儲存別人的人生故事，

因為有些人活著的姿態，足以衝擊你的人生。

「環境造就一個人」，這句話是真的嗎？如果有機會選擇，你會讓自己安身在什麼樣的群體？還是說，你會放棄安身的念頭，前往一個充滿叛亂分子的修練場？

我站在鏡子前懷疑人生，天啊！我死定了，一定是昨天喝了太多東巴（雪巴族自釀的禦寒熱酒），臉腫得跟豬頭一樣。

為什麼偏偏是今天？為什麼偏偏是早上五點！今天是遠山呼喚有史以來最重要的面試，為什麼我會頂著一顆大豬頭，身在這樣天寒地凍、網路不穩定的尼泊爾深山？我一邊抱怨，一邊認命地架起了電腦，準備視訊面試「臺大車庫」。

臺大車庫是母校經營的共同工作空間，之所以叫做「車庫」，顧名思義是源自於賈伯斯等人從自家車庫發跡的創業故事。車庫不只給予創業中的學生免費辦公空間，同時也協助新創團隊連結業界資源，甚至會媒合業師一對一輔導團隊。對於有創業念頭的大學生來說，這裡是個神聖領域，是具有潛力的團隊才能進入的殿堂。

為什麼一個還沒畢業的公益組織也想嘗試？**我想這就是踏上異途的迷人之**

處吧，夢想流淌在血液裡，讓人充滿斬殺挑戰的欲望，也讓人拋開對於成敗的執著，勇敢地擺出不自量力的姿態。

好死不死，尼泊爾一如既往不按牌理出牌，面試到一半，我的網路斷了！在一旁觀戰的Emily跟在地負責人Sang一個箭步衝出房門外，她們竟然上上下下奔走於這間陽春旅館，求整棟樓的住戶先暫時關掉wifi（後來每每想起，都覺得那「奧客上門」的景象堪稱經典）。於是，我再次出現在評審眼前。

說真的，昨夜東巴的酒意一絲尚存，還沒完全退去，讓我在面試過程中有點石化。加上正逢破曉時分，萬物甦醒，窗外雞犬不寧，每當我講到重點，街上的雞就對著臺灣評審咯～咯～咯～地仰天長叫，我真想在地上找個洞鑽進去。面試結束之後，我篤定地告訴Emily，這次真的搞砸了。

沒想到一週之後，遠山呼喚接到錄取通知，在畢業之際找到了中途之家，成了車庫成員中少數的非營利組織。

如果有機會選擇，你會讓自己安身在什麼樣的群體？
還是說，你會放棄安身的念頭，
前往一個充滿叛亂分子的修練場？

當有稜有角的人物雜揉

十張大長桌上，創業家並坐，產業南轅北轍，夢想各奔東西。我們真的能在半年之後「活著」離開嗎？

臺大車庫承襲了自由的學風，沒有人會管你，你可以睡在這裡，也可以從不出現，穿夾腳拖來上班也完全沒問題。在臺大車庫，擁有獨特個性的人雜揉在一塊兒，讓你覺得自己沒有那麼特別，也沒有多麼奇怪，也許就是因為這樣，這裡才有家的感覺吧。

認識 Thomas 跟 Alvin 之前，我先認識了他們的笑聲，這笑聲一路從車庫的另一頭傳來，一聽就讓人覺得莫名地有趣。他們的產品 Wattle，是一款可以拆卸成段的水壺，提供消費者多樣化的選擇，不管在顏色搭配還是容量上，都能依照當天的心情，隨心所欲地開心帶出門。Thomas 是個笑聲洪亮、講話三八的人，而 Alvin 是個高高瘦瘦，臉上永遠掛著笑容的人。兩人一搭一唱，有種難兄難弟的感覺，當他們拿著自己的產品四處自我介紹時，一點也不會讓人覺得刻意，反而能自然而然跟他們打成一片。

我們跟65Info被分到同一桌，Jacob、David、Manson、祥閔正在建立一個樂齡族群的資訊整合平臺，渴望帶給樂齡族群以及他們的照護者更好的資訊取得管道。David待過美國矽谷，總是謙虛地說自己已經創業三次了，只是都失敗；他的創業夥伴祥閔也是優秀的工程師，曾在秘魯協助創辦幫助兒童的非營利組織「Loop」，隨後在那兒待了整整一年。「你知道南美洲有超過一百種馬鈴薯嗎？而且你一定想不到馬鈴薯有那麼多種吃法……」他會用很好笑的口吻分享那段刻苦的時光。而Jacob則是扮演神奇的「教練」角色，總是願意為他人空出時間，聽你分享創業的疑難雜症，或是在你焦躁不安時主動詢問，需不需要幫忙你練習隔天的上臺簡報等等。

林藝是「寶島淨鄉團」的創辦人，寶島淨鄉團與遠山呼喚是那屆唯二非商業性質的進駐團隊。林藝曾受邀成為臺灣師範大學的畢業講者，她的個性直爽、講話直接，在帶著寶島淨鄉團倡議環保、四處淨灘的同時，也是一位非常專業的主持人。

坐在遠山呼喚後面的「盲旅」，是一個專門提供在地化新型態旅行的團隊。

他們設計了許多未知的行程，所謂「未知」是指參加者預先不會知道當日行程，他們將透過在地人的帶領，拋開成見，進而深度認識臺灣。盲旅的其中兩位成員 Wendy 跟紹琪也是嗨咖，因此，我們身後時不時就會爆出大笑聲。

我常在想，如果這個小空間可以容納這麼多差異，那麼，每天有多少不可思議的故事，就這樣與渴望變好的我擦身而過？當你開始對一個人有既定印象的時候，他往往會有另外一種讓人意想不到的身分或經歷。這裡總是充滿了精采的人生故事。

> "人生不虛此行的祕密，其實不在於護照上有多少個印章，而在於生命中有多少際遇。"

再往前，依舊是獵場

大家熟了之後，下班時常會約在車庫大會議室裡煮火鍋、喝酒，只要是那樣的夜晚，我都會覺得我的大學生活蔓延進了出社會的人生中。但這是完全不一樣的世界，這裡的空間瀰漫著濃度極高的成長氛圍，一鬆懈下來便會被嗆傷。我常在想，當我們的人生在此交疊，命運想教會我什麼？

遠山呼喚在臺大車庫的半年之中，為第一個服務據點「廓爾喀」完成了集資，這場集資是我們做過最困難的事情。比起第一次一百二十萬的群眾募資，這一次我們得招募到至少三百位「每月定期定額捐款人」，而且我們選擇不依靠群眾募資平臺，改由自己架設網站，發起「獨立集資」。

我跟 Emily 心裡都清楚，這場賭注只要失敗了，我們就再也沒有辦法繼續營運遠山呼喚，倘若結局是這樣，集資期一過，我們就得離開臺大車庫，去找份正職的工作。所以那半年，我在臺大車庫附近租了一間頂樓加蓋的小套房，心想就算工作到深夜，只要騎腳踏車五分鐘就能到家。但你知道嗎？每個騎車回家的夜晚我都暗自害怕，深怕有天自己不再是遠山呼喚的子鈎。**那種每一天都活得提心吊膽，深怕夢想掉進懸崖的感覺真不好受，那是分分秒秒不間斷的煎熬。如果你想要走上自己的路，並且追著夢想活得真實，這就是你要付出的代價。**

那段時光，我們長期活在滾燙的熱水裡，殘酷的現實像烈火一樣炙烤著我們。但多數的日子，我們用盡了所有辦法努力撐起這場集資，最終為廓爾喀的一千位孩子，爭取到了長期的教育。

集資達標的那一天，我們誰也沒有歡呼慶祝，當車庫其他團隊的成員來恭喜我們，並且問我們如何做到的時候，我們早已投入下一場冒險，忙得焦頭爛額。夢在他方，前路無涯，機會就像是藏在草叢裡的野兔，而獵場之外還有獵場。在遠山，永遠有獵不完的夢。

離開車庫前我好捨不得，表面上我像一個不想長大的孩子，留戀著自由自在的草創人生；但內心深處，我知道自己再也找不到像車庫那樣的地方，找不到這麼一個充滿瘋子、卻又理所當然的奇幻國度。**我們都必須試著在心裡清出一個空間，儲存別人的人生故事，因為有些人活著的姿態，足以衝擊你的人生。**

”
你必須混進夠雜亂的追夢群體，相信我，
有些人做過的選擇將點亮你的視野，
他們因為夢想而放棄的種種，也都將撼動你的心靈。
“

每個不放棄的身影，都能鼓舞彼此前進

在臺大車庫，卻也不是每個日子都是好日子。在這裡的創業者，不是拋下原先的工作「豁出去」，就是像我們這樣剛進入社會，便決定用自己的青春「賭一把」。創業的壓力很大，一個錯誤的決定就能讓團隊慢性死亡，在排山倒海的壓力之下，創業者沒有別過頭去、或是麻痺自己的選項，因為，沒有人會選擇背棄夢想。

有時加班到深夜，會聽見有人躲在廁所裡哭；有時經過會議室，會看見喪氣的人正在摔東西；有時候，創辦人們會當眾在座位上吵架，肅殺的氣氛瞬間蔓延整個空間。這些都是我們的日常，也是我們選擇的人生；在這顛簸的旅途中，有人會開拓出屬於自己的一片天，也總有人會發現，路好像走不下去了。

離開車庫、完成四個月的兵役後，我發現有四個團隊解散了。其他團隊各奔東西，混跡在人群雜沓的臺北。

David 投入區塊鏈產業，創辦了新的團隊，我們時常會碰面聊天。Thomas 去美國念書了，而Alvin進了行銷公司，林藝則持續經營著寶島淨鄉團。盲旅主要成員解散之後，Wendy獨自扛下了盲旅，她是個不管再苦再累，都會拚死保護夢想的人。Jacob創辦了自己的團隊「微亮計畫」，成了更多人的教練，致力於幫助迷惘的青年尋找通往人生未來的路。祥閔則進了大公司上班，離開車庫前，他將曾隨他去秘魯拍攝的金鐘獎得主舒夢蘭介紹給我們，年底，夢蘭隨遠山呼喚前往尼泊爾拍攝，她的節目「聚焦尼泊爾」一播出，便造成廣大迴響，為遠山募集到許多善款。而紹琪先是去了新加坡工作兩年，接著在二〇二〇年末回臺加入了遠山呼喚。你說這些緣分奇不奇妙？

我喜歡大家從不跟彼此說「祝你創業成功」，因為不論當時的成敗，每個人都在往前邁進。**如果你也正在追逐理想，一定要找到叛亂分子的聚集地，接近想法獨特的人。獨自一人的時候，每個人都只是細小的棉線，但是當細線編織成網，你們就能撐起彼此的夢想。**

人生不虛此行的祕密，其實不在於護照上有多少個印章，
而在於生命中有多少際遇。

遠山記事

孤注一擲的集資計畫

第一次聽到「群眾募資」的時候，我覺得這概念太荒謬了，除了投資人，有哪個人會預先把錢給一個還沒做出產品的團隊，支持他們去研發、測試產品？那個時候的我萬萬沒想到，我們，一個非營利組織，會在未來五年內完成六次群眾募資，進而撐起整個團隊。

地震已經過了一年多，我們依然沒有放棄目標，希望能讓整所小學的孩子獲得穩定教育，而這其中還包含已經輟學的孩子。沒錯，除了不讓學校裡的孩子輟學，我們還想要帶農田上、工地裡的孩子重返學校。而且，我們不只要讓孩子回到學校，還要支持這一百五十個孩子穩定升學。

說個笑話：兩個大學生要募一百二十萬

「好酷喔！這樣需要多少錢？」一群同學們好奇地問我。

「一百二十萬啊。」

「怎麼可能啦！騙肖喔！」「太多了吧！」我獲得毫不意外的回應。

「那你們還差多少？」

「一百二十萬啊！」

「……哈哈哈哈哈哈！」大家笑到不行，我自己講完也覺得很好笑。

「你們可以試試看群眾募資啊，我昨天去聽了一場演講，是一個臺大學長的團隊來分享集資經驗，他們叫做 flux。為了要做３Ｄ印表機，跑去美國群眾募資，結果募到五千萬臺幣耶！」

「五千萬！」大家難以置信。「耳背喔，你確定你沒聽錯？」

「沒有好嗎？嗆屁喔！」他對我們比中指。「啊不然你寫信給學長，看他願不願意跟你們聊啊！」

學長會答應嗎？我們真的能做到群眾募資嗎？我的心裡充滿懷疑，其實斷了志工隊、沒了資金來源的這段期間，我們想了非常多的辦法。但正因為現在的我們禁不起失敗，所以每次總會將想法嚴格審視，不斷地加以推敲或是嘗試驗證，結果總是想得越深，就越覺得不可能做到。這讓我們一直停在登山口，害怕一前進就會摔下懸崖。

我們鼓起勇氣約了學長，沒想到他竟然答應了！當天，我跟 Emily 一大早就帶著搜集好的資料，在交誼廳等學長。他遠遠走來，高高瘦瘦的，我們因為看過所有 flux 的資料，當下還真的有種「哇嗚！是本人耶！」的崇拜感。

不過近看才發現學長那天氣色很差，眼神疲憊而且黑眼圈非常重，給人輕飄飄的感覺，我很怕他會當場倒在交誼廳。他手上拿了一杯超商大杯熱美式，另一手拿著機車鑰匙跟手機，其他什麼都沒帶。「嗨你好，我是 Shawn。抱歉小遲到，我昨天晚上都在工作，沒睡什麼覺。等等還要回辦公室。」

我突然覺得很不好意思。

「謝謝學長特地跑來。」

「沒關係，我辦公室就在附近。」

當天，學長並沒有直接把我們推向集資之路，而是細細分享了自己的集資經驗，告訴我們一群臺大學生是怎麼到人生地不熟的美國，募集到五千萬臺幣。接著，他告訴我們集資的概念，以及集資案要具備的條件。說完之後，他問了我們的狀況，並誠實地告訴我們以遠山呼喚現在的條件，要募集到一百二十萬非常困難。

「你們先想一下，需要的話我跟你們約下次，看要不要約在我辦公室。」

「謝謝學長，不好意思你那麼累還約你。」我心裡充滿感激。

「沒關係，不用一直謝謝學長、謝謝學長的，可以叫我 Shawn。」說完，他便起身飄走了。

當下，我知道我們的成功機率微乎其微，連具備發起集資的條件都沒有，但是我已經無法再原地踏步了。我突然想起兩隻老鼠掉進奶油的故事，第一隻選擇放棄，最後淹死了；另一隻不願意放棄，拚命掙扎，最終把奶油攪拌成黃油爬了出來。想太多的人，永遠不會踏上未知的征途。我實在無法接受我的夢想死在這裡，於是，我們決定孤注一擲，發起群眾募資。

突破困境的關鍵

群眾募資必須要製作一支影片，以及預計放在募資平臺上的圖文內容。於是我們開始尋找系上擅長拍影片的人，最後，有一位學姐願意跟我們到尼泊爾拍攝，還找來了平面設計系的朋友製作集資頁面。學姐當時正面臨找實習的壓力，她的朋友更是即將面對設計系最崩潰的畢業製作，但無論再忙再累，她們總會排出時間一起跟我們開會，一步一步幫忙我們製作素材，甚至跟我去了一趟尼泊爾。

人找到了，但對於剩餘的細節，我們仍毫無頭緒，所以我們又約了Shawn，這次到flux的辦公室拜訪。他依然拿著一杯咖啡，坐在那四面玻璃牆上都寫滿文字的會議室裡聽完我們的進度。

「好，我把你們介紹給一個朋友。如果他願意幫忙你們募集到一半，也就是六十萬，嗯，應該沒問題。」誰也沒想到，他口中的朋友，竟是群募顧問公司「貝殼放大」的創辦人兼執行長林大涵。貝殼放大是臺灣最大的群募顧問公司，成立至今短短六年，累積輔導的團隊集資金額已超過二十五億，占臺灣團隊群眾集資總金額的一半以上。大涵最讓我佩服的地方，是他帶著幫助他人推動夢想、讓好事發生的理念創業；在創業初期，他每年都會幫助三個公益團隊，免費輔導他們用募資開啟夢想。

於是某天下課後，我們幾個學生緊張兮兮地來到了貝殼放大，第一次和林大涵本人見面。那段時間，我們大約每隔幾週，就會去找他一次，那是一段讓我印象非常深刻的日子。每次會議，大涵總是不會直接告訴我們答案，而是先問我們：「為什麼會這樣做？」「覺得要怎麼修正？」「這段要怎麼改，別人才會想要行動？」我發現他正一步步帶領我學習，指點我的思考。

當我說出想法後，他會繼續挑戰我，接著才會用極快的速度，講完全部的重點，中間幾乎不用停下來思考。這些內容像流星一樣，不只質量高，還快到我們必須拿手機出來錄音，然後回去把他講的東西反覆聆聽。「這邊可能要再修正一下喔。」他會用溫和的語調說，但意思就是你要回去重做一次。「影片文案要再修喔」、「這邊可能要再重拍」、「新聞稿可能要再加喔」、「網頁文案可能要再改一下」、「時程也要再調喔」，「噢對了回去可以看這個案例我剛剛已經貼給你了還有什麼問題嗎？沒有的話就約下次弄好了先給我看。」整個速度快到不行。

大涵講的永遠是具體的細節，永遠是最精準的建議，加上限時的作業，讓當時對群眾募資、對行銷、對於策略安排還不太了解的我，進入了快速學習的境界。上了大學以來，我從來沒有在這麼短的時間內，成長這麼多。這一切跟以往遇到的業師很不一樣，那段時間我時常告訴自己，如果以後有能力，也要變成這樣的老師。

集資在二〇一六年五月正式上線了，按照我們的計畫，聯合報、自由時報、臺北時報、中視新聞都在關鍵時間點報導了我們，過程中花心思累積的網路聲量也在此時發動，與媒體聲量跳了一支預先排好的舞。不到一個月，就有兩百五十八個人贊助我們的計畫，募集一百二十萬、帶一百五十個孩子重返學校，這個連專家都說不可能的任務，我們真的做到了！這場集資沒有任何僥倖，一切規畫都環環相扣。也讓我學到一件重要的事情：不要等待運氣，要讓自己變得更厲害，才能掌控運氣。

後來的五年，我們用群眾募資撐起了團隊，現在有超過兩千位定期定額捐款人長期支持著我們，遠山呼喚因此撐起了兩個受災地區，以及上千個孩子的教育。至今我仍非常感謝，我們的「安西教練」大涵，很感謝Shawn，很感激兩位學姐，還有那兩百五十八位陌生捐款人。「為什麼他們都已經忙到沒時間了，還會願意幫我？」當時，我常常想著這個問題。如果我們一開始只是空想，一直不願意付出行動、害怕著失敗，就不可能、也不值得吸引到他們出手相助。我發現，有時夢想是被「想」死的，與其做一個聰明的思想家，我寧願當一個看起來又傻又菜的實踐者。「行動」才是突破困境的關鍵。

集資後，我爆肝住院了

集資成功之後，是我在地震發生的一年半以來，第一次能夠真正放鬆。有天早上起床，我感覺身體怪怪的，起初只是肚子痛，沒想到後來劇痛了一整天，到晚上九點我才打算去醫院，為了省錢，還從宿舍走去搭公車。我傻傻地先掛了仁愛醫院的門診，門診醫生看了後，直接叫我去急診室。沒想到一驗完血，急診室的年輕醫生立刻把我帶到裡頭與外面隔離的房間，叫我趕快躺下來，迅速地把點滴打進血管。「你今天要留在這裡，你的肝指數是正常人的好幾倍誒！」他嚴肅地警告，我才知道事情的嚴重性。我一整天可是亂吞了一堆胃藥啊。

接下來的一個月，我被迫休息，但我是一個不安分的病人，中間還跑去團隊辦的分享會。Emily還有其他志工看到我，就跟看到鬼一樣。Emily說：「你什麼都不用管，趕快去休息！」於是我獲得了一段珍貴的空白時間，把記憶交給時間去沉澱，慢慢回想起了那段尋找自我的迷茫時光，以及重返震央之後的一切。想著想著，思緒還是飄向了遠方，也飄向了未來。

我知道，自己能做的還有很多，光在尼泊爾受災村落，就有超過十所學校，我們只是幫助了一所國小而已，其他學校怎麼辦？我們該怎麼做，才能讓教育穩定而且長期？光靠兩個學生，能做到這一切嗎？當時我剛升上大三，已經知道畢業後要做什麼了。我想要成立一個叫做遠山呼喚的新創組織，然後過上不安穩的冒險人生。

chapter 04

走進社會

你很會幫別人做事，
卻不會為自己作夢

Ishwor的故事

如果我也有資格夢想

在田裡耕種度過假日的時光，是孩子們的日常。就像其他孩子一樣，腰痠背痛的 Ishwor 仍會在日落時分，全速衝向遊樂場集合。美其名是遊樂場，其實只是一塊充滿砂石的空地罷了。

四根竹竿在空地兩端倆倆佇立，標註了兩座球門，每到週日的黃昏時分，這兩扇門之間便會迴盪著無憂無慮的笑聲。破足球在孩子們腳下往復如飛梭，編織起一張足以打包青春回憶的大網，衝天的沙塵築起一道屏障，歡樂時光得以暫時與世隔絕。唯有在這裡，孩子們才可以拋開對於未來的擔憂。

拖著髒兮兮的身子走在回家的路上，Ishwor 遠遠就看到穿著藍色衣服的社工，臉上立刻露出笑容。每個月，社工 Sang 都會造訪一次，她來自首都加德滿都，出身地卻是遙遠的吉里鎮，是位信奉藏傳佛教、吃著素食、喝著酥油奶茶的雪巴族人。

第一次遇見Sang的時候，Ishwor正深陷迷惘的輟學時期，每天都在工地努力工作。每當他回到家看見Sang，總帶著些許脾氣，心不甘情不願地回答問卷上的問題。然而他知道，這些負面的心情只是來自對於現狀的不滿，他是多麼想以「學生」的身分受訪。

「為什麼還要來找我？我又沒有在上學。」有一次他鼓起勇氣質疑，只見Sang愣了一下，「沒有在上學，不代表你不能有夢想啊！」什麼是夢想，夢想是窮人也有資格擁有的東西嗎？夢想是讓媽媽過好生活的方法嗎？那一天，他與Sang聊了好多，聽著她訴說自己的生命故事。她從偏鄉遠赴首都受教育，努力拚上大學卻發生地震。前往震央時遇到一群臺灣人，最終她決定留下來成為社工。沒想到朋友一個接著一個出國，而母親也在前陣子離世。聽到這裡，Ishwor感覺到自己的心裂開了，失去了生命中最重要的依靠，那是什麼樣的世界？

然而Sang並沒有放棄夢想，在Ishwor眼中，她仍是那位背著重重的背包，穿過無數山徑抵達他們生命中的關鍵人物，是他與學校的唯一連結。在最低潮的時候，是這樣的身影、這樣的信念，讓 Ishwor 把「改變」的念頭重新放在心底。

如今，他已經重返學校一年了，完成問卷之後他坐在 Sang 身邊，趁著 Sang 與媽媽聊天的時候，忍不住拿起她身旁的相機。當 Sang 回過神來的時候，他已經按下了快門，倉促的瞬間沖淡了任何多餘的儀式感。照片裡 Ishwor 的媽媽露出微笑，Sang 前傾著身子專注地聆聽，背景中堆了衣服與雜物，鐵皮屋裡空空蕩蕩的，卻一點也不失溫度。

Sang 起身離開，準備前往下一戶人家，她順手接過相機，卻感受到男孩遲疑了一下。Sang 轉身，Ishwor 突然抱了她，感激地說了聲「謝謝」。山路艱辛、寒風刺骨，Sang 依然滿足地笑了。她更加確信了這場教育行動的本質：所謂服務，不只是帶孩子走上教育之路，還要讓他知道，在這條貧窮的異途上，他是被愛的。

01

叛逆的出走，該如何被父母祝福？

爸、媽，我畢業要做公益組織

長大的意義，就是從父母領跑，

變成我們跑在前面而已，

人生這條路仍是能夠一起追逐的。

幾年前的冬天，自己來日本背包旅行一個多月，當時爸媽都還沒退休，只能天天用手機明查暗訪，嘗試定位已讀不回的兒子。

幾年後爸媽退休了，換我開始工作，爸媽到日本長途旅行，但那幾次，倒是爸每天狂傳照片到Line，好像怕我跟弟不知道他們在哪裡一樣。

若是忙的時候，手機裡那一連串的「等愣愣」，會是那一天最煩人卻又最開心的事情。

早夜、大雪、上下鋪……跟爸媽擠在青年旅館狹小的客房裡，突然就想到這些。爽歸爽，能跟爸媽一起當背包客，真的太酷了！遠比自己第一次出走還特別。大家都變了，卻什麼都沒變，家人應該就是這麼一回事吧。

——二〇一九年四月十日，寫於旅途上

被賦予「愛」的能力

槍聲響起，我跟一排年紀相仿的孩子一塊兒衝了出去，繞過歷史悠久的三角街，沿著曾是臺中第一條路的南屯老街狂奔。廟宇燃香的氣味撲鼻而來，喧天的鑼鼓聲還來不及趕上，我們就已經從萬和宮前呼嘯而過。這裡是在地人信仰的中心，也是我童年的關鍵記憶。

從小到大，我生活在爸媽無條件給予我的、滿滿的愛裡面。爸媽都來自於觀念保守、家教嚴格的家庭，然而，即便受到日式教育的影響，加上傳統農業社會刻苦耐勞的習慣，並沒有全然定義爸媽對我們的教育方式。在我的成長過程中，爸媽雖然自己省吃儉用，卻總捨得把能掙到的，都投入在我跟我弟身上。記得我們從小念臺中數一數二昂貴的雙語幼稚園，便用掉了爸媽一大部分的積蓄。長大之後每每回想，我都會覺得有些內疚，自己竟然在這麼小的年紀，就無知地享用了這得來不易的一切。

在有正式的學業壓力之前，我學足球、西洋棋、小提琴、畫畫、游泳。在三十五度沒有遮蔽物的球場上，爸媽會在烈日下為我跟弟弟歡呼，一曬就是兩個小時。這些童年的學習，都在日後轉化成了我們某些獨特的人格特質。**在怨恨父母給予人生太多禁錮之前，我們都要記得在那根本無法遙望未來的當下，父母便無條件地把全部都投注在我們身上。**

再長大一些，這份愛便伴隨了期待，接下來的人生盡是超前學習，及無止盡的補習。在升學體制下，我們沒有盡頭地在學校爭奪名次，因為這關乎了未來人生的輸贏。琴棋書畫成了國英數自，我們成功的人生成了父母的目標。我雖怨恨那段壓抑的求學時光，卻難以否定父母的出發點。

> **正是因為父母走過了煎熬刻苦的童年，所以才用盡全力，想要讓我們長大得輕鬆一些。**

我還能肯定一件事情，望子成龍的他們，卻常常忘記要對自己好一點。搬家之前，我們家是三代同堂，跟爺爺奶奶一起住。媽媽九點下班之後還要做家事、洗爺爺奶奶跟我們全家的衣服，手都磨到長繭了；而爸爸習慣省吃儉用，加班後總是吃餐桌上冷掉的食物，把最好的都留給爺爺奶奶跟兒子們。

然而，當我在大學認識了更多同儕，甚至在社會上聽過更多人的成長故事之後，**我卻發現爸媽交給我最珍貴的寶物不是教育、不是學歷，也不是嶄新的未來，而是能夠好好愛別人，以及坦然愛自己的能力。**不論是在平常的人際互動、還是在地震後的尼泊爾震央，當遇見受傷的人，我總能快速理解對方心中那些因為家庭背景、成長經歷而累積的心靈破洞，進而找到對方美好的一面。當遇見比自己擁有更多的人，我也不曾看低自己的價值，因為我總能理解他的自信來自何處。不管與什麼樣的人相處，我總覺得自己是個完整的人，這是一種用爸媽的愛釀製了二十年的幸運。

爸媽，畢業之後，我想做遠山呼喚

我的叛逆來得很晚，卻也來得正是時候。到臺北念書之後，我獲得了無比的自由，動不動就背背包去旅行，有了遠山呼喚之後更是時常跑尼泊爾。弟弟後來也到臺北念書了，念建築系的他，總是忙得昏天暗地，根本沒時間睡覺。有時候我們「已讀不回」成了常態，退休的爸媽便會開車上臺北找兒子們，確認我人還在臺灣，也確認弟弟長期熬夜的身體是否無恙。

大四之前，爸媽都覺得我投入尼泊爾的兒童教育只是在「玩社團」，直到遠山呼喚陸續登上媒體，也完成了集資，開始把前腳探進社會，爸爸才嗅到了空氣中的危險氣息。這叛逆之氣千絲萬縷，從臺北飄到臺中，最終露了馬腳。

大學時期，爸媽對我的期待是到國外念研究所，之後就留在國外，或是在臺灣找份好工作。但我心裡明白，這「必勝之道」不是我要的人生，我想要的是充滿不確定性的冒險。當時，遠山呼喚已經箭在弦上，我跟 Emily 早已心一橫，將組織成立申請書送交內政部。也就是說，爸媽二十年來省吃儉用的栽培，最終都將被二十二歲、即將大學畢業的兒子拿來賭一把。何況，當時的遠山什麼穩固的基礎都沒有，做父母的，有誰能夠安然接受？

那一年，我時不時會跟 Emily 聊到這件事情，她的爸媽都是老師，說服父母的情況也沒比我好到哪裡去。但我們就仗著（或是說騙自己）臺北天高皇帝遠，分別自行實施「三不政策」：不談判、不接觸、不妥協，就這樣一路從畢業開始拖了半年之久。那段期間，我們進駐臺大的創業育成空間「臺大車庫」，一邊繼續利用母校的名頭「擋一下」父母，一邊拚命建立非營利組織的長期基礎。

然而，在這一切過程中，媽媽始終默默支持著我。有一次我回家，她觀察到我壓力太大，對我說了一句：「沒關係，三十歲前不用追求穩定的生活，找到喜歡做的事情最重要。」當下，我想起十八歲成年的那天，媽媽遞給我一個信封，裡面裝著一張機票的購票明細。「這是我送給你的成年禮，指考完你就自己去搭飛機，到了澳洲後你自己打算，要照顧好自己。」我也想到，十三歲的時候吵著要去爬玉山，媽媽便一起打電話拜託登山社收留我；還有那次，我在西藏與尼泊爾邊境等待過境，但前方的中尼公路卻發生大坍方，死了兩百多人，前方的路也完全斷了。我們開了整整兩天的車回拉薩搭飛機，卻發現當時連機票都買不到了，若不是媽媽主動跟旅伴的家長們開了 WeChat 群組，一起聯繫旅行社，我們這幾個臭小子根本不可能離開西藏。**有哪個父母不希望自己的孩子獨當一面？但同時，他們又怕我們受了世界的欺負。我想，對於這份心念的理解，就是開啟親子溝通的基礎。**

爸媽交給我最珍貴的寶物，
是能夠好好愛別人，以及坦然愛自己的能力。

從小到大，媽媽對我的教育方式有了很大的轉變，彷彿是一場不斷「放手」的過程，取而代之的是要我「學會對自己負責」。因為從來沒有被允許走自己的路，她反而能理解，兒子上大學之後想要創業的念頭不是一時衝動，而是我真的渴望這樣的人生。

我一直很在乎爸媽的感受。二〇一七年初，當遠山呼喚取得了第一筆長期穩定的資金之後，我當下的第一個念頭卻是：必須要跟爸媽聊聊未來了。

要求放手？還是牽手同行？

往後，只要是在大學的演講場合，必定會有學生問我：「當時是如何說服父母的？」有夢的你、夠叛逆的你，一定也想要知道如何掙脫約束，讓爸媽別管，對吧？我也曾陷入這道每年必考、卻沒有正確答案的考古題中。

我心裡很清楚，爸媽是站在保護我們的角度思考，總是擔心我們走上非典型的人生道路，這是出於他們對於我們的愛。然而，正因為這是世界上最強烈的感情，我們才難以動之以情。難道我們對理想的執著，能超越從小養育我們的父愛跟母愛嗎？

當我求助無門的時候，卻在遠山呼喚找到了答案。剛創業的那兩年，我們吃了無數次的閉門羹，經歷這些失敗之後，我漸漸歸納出「說服人」的三個重要步驟。**一開始，我們必須先了解對方最在意的是什麼，才能開啟對話。接下來要記得，說服必須要靠數字和具體的計畫，太多的「我相信」、「我覺得」，絕對會被轟出會議室。最後，不要忘記用事實提醒對方，你擁有能夠面對打擊與未知的能力。**

於是我心中有了定見，每次回家都用閒聊的方式，把遠山的現況以及對未來的成長規畫，詳細地告訴爸媽，也分享我在創業的基礎下會如何經營有品質的生活。每次一跨越困難，我都會告訴他們我的方法，誠實地分享當下的心情。我也喜歡在晚餐後，把他們拉進來一起討論問題的解方。我總能在他們的回答中看見自己的影子，也在彼此的對話中，感受到自己歷經磨練的成長。

> ”唯有持續對話、誠實分享，溝通才能從相互禁錮，轉變為相互理解。“

對話是動態演進、取得共識的過程，而非一次定生死的談判。**當我們讓對話更常發生，以貼近生活、輕鬆閒聊的方式進行，便能提高說服的機會、降低衝突的發生。**

爸媽從來沒有明確認可或否定我走上的這條路，因為在不知不覺中，他們早已陪我走在這條路上。**一開始我全都想錯了，以為長大是分道揚鑣的過程，但其實長大的意義，就是從父母領跑，變成我們跑在前面而已，人生這條路仍是能夠一起追逐的。**正因為這場「換位」的溝通是漫長的過程，我們才能隨著現實的波動，不斷拉近彼此相左的思想。沒想到比起「放手」，這場叛逆的出走竟讓我們把手牽得更緊。

「大家都變了，卻什麼都沒變，家人應該就是這麼一回事吧。」雪夜裡寫下了這段文字，我想起很多畫面，想起有次我沒頭沒腦地出現在臺中高鐵站，爸媽問我怎麼突然回來了。「就突然有空啊。」其實我創業受了委屈，期末考也被當得一塌糊塗，心裡非常難受，覺得自己快被擊倒了。

「這樣啊……晚上想吃什麼好吃的？」

這世上一直有個地方，能夠接住墜落的我。

「回家吃就很好。」

不管路走得多遠，家永遠是終點。

其實長大的意義，就是從父母領跑，
變成我們跑在前面而已，
人生這條路仍是能夠一起追逐的。

02

領導的基礎是凝聚信任

小團隊憑什麼領導大聯盟？

許多時候，主導對話往往能加速進度，

但是在關鍵時刻，只有細心傾聽才能凝聚共識，

直抵問題的核心。

進入社會後，「促成合作」成了我們的新日常。在臺灣，我們與本土企業合作募資，共同協助海外兒童；在尼泊爾，我們需要社區、政府的參與，才能合力突圍。

凝聚共識的關鍵是什麼？信任感的配方是什麼？小團隊該如何帶領大聯盟，在逆境中求勝？

關鍵時刻，當個「懂得閉嘴」的領導者

在第二服務據點——吉里鎮的探勘過程中，我們拜訪了當地最大的綜合學校，校內總共有一到十二年級。學校坐落在市鎮郊外的一片針葉林裡，從地勢最高的校門口往下望去，視野竟然能沿著山間地形一路向下延伸，直抵盡頭那一片寬廣的草地。然而讓人惋惜的是，這所學校受到地震重創，原先的校舍都成了廢墟。地震之後，聯合國救援組織在地勢較低的草地上架起了鐵皮教室，三年多以來，孩子們就在這樣的環境裡受教育。

在我們原先服務的廓爾喀，居民的居住型態為「集村」形式，而學校就設立在村落中心；孩子們要上學，只需走十五到二十分鐘，學校就是社區的一部分。但是在吉里鎮，居民分散居住在山脈各處，學校成了「那幾座山後面」的遙遠存在；以致於吉里地區從提供教育的「型態」，甚至到孩子受教育的「心態」，都出現了完全不同的樣貌。

這讓我們遇到了前所未有的挑戰，難以透過片面的資訊掌握在地的關鍵需求。當時，我有一種直覺——我們必須拋開過往的經驗，也丟掉對於教育的既定印象，才能用完全不同的視角，創造適合吉里鎮的教育架構。

這個想法讓我驚醒，**我發現有時候，擁有越多經驗的人，越習慣在既有架構之下快速決策。久而久之，思考成為一個封閉迴路，再也容納不下破壞性的思維。**於是我們改變調查的方式，不再當主導對話的人，不再拿著既有的教育系統到處自我介紹，反而學著如何「閉嘴」，變成傾聽者的角色，讓當地人訴說他們的日常。

我們會在一大早的上學時間，開車沿著公路「找小孩」，然後停下來陪他們走一段山路，詢問關於上學的困難。過程中有人會直白地抱怨：「為什麼我家附近沒有學校？」也有人詳細分享一天的行程：「放學走回家天都黑了，我根本沒有時間複習。」這些都是最真實的回饋。同一時間，我們聯合在地青年，奔走於各個團體之間穿針引線，往復驗證訪談資訊。於是，多方的想法很快地聚焦成光束，幫助我們搜出了藏匿在陰影的問題——遙遠的上學路途。

”許多時候，主導對話往往能加速進度，但是在關鍵時刻，只有細心傾聽才能凝聚共識，直抵問題的核心。“

有天早上七點，我們準時上路，準備尋找走路上學的孩子們。我們的吉普車跟上了一臺黃色校車，因為山路狹窄，吉普車只能在校車後面吃風沙。當地人簡短解釋：「這是私立學校的校車。」大家便了然於心。畢竟在尼泊爾，窮人家的孩子念公立學校，比較有錢的才能念私立學校，這是眾所皆知的道理。

在一處大彎道上，校車停下，我看見私校的孩子上了車，在他們身後站著兩個公立學校的女孩，她們穿著破舊的藍色制服，目送著其他孩子開心地搭上校車。車內坐滿了身穿褐色毛衣的私校學生，他們都安安靜靜地看著窗外的女孩。校車離去，捲起漫天沙塵，塵土朝兩個女孩迎面撲來。她們一度消失在塵土中，直到晨光斜斜地照出了她們的剪影，我才看見她們摀著口鼻，繼續邁開步伐。前路迷茫，而校車早已載著其他孩子揚長而去。

我捨不得看見她們這樣，為什麼世界這麼不公平？為什麼這些窮人家的孩子，每天早上都要經歷一模一樣的事情，在天還沒亮的時候起床爬山，然後帶著心理壓力跟自卑感，一次又一次地在某一段公路上被遺落、被注視、被超越。如果是我，一定會選擇放棄教育，但是，沿途我們經過的幾十位孩子，都還在路上堅持。

車子裡的人突然好一陣子不講話，我知道我們正從不同角度思考著同一件事情。正因為先前傾聽孩子們真正的需求，共識才得以在教育沙漠裡萌芽。這時陽光照進車裡，點亮了我們的臉龐，一個大膽的計畫悄然誕生。

擁有越多經驗的人，越習慣在既有架構之下快速決策。
久而久之，再也容納不下破壞性的思維。

凝聚眾人，從承擔沒人要做的事情開始

完成第一次探勘之後，我們意識到時間的急迫。如果我們沒有辦法快速解決「上學路途」的問題，即便往後教育計畫做得再好，都將無濟於事。

不過，既然這個問題如此嚴重，為什麼政府、學校從來沒有人站出來解決？原因是由任何一方來承擔都太重了。吉里地區需要兩輛校車才足夠，一輛車的價錢約是九十萬臺幣，加上司機的薪資、牌照申請、站點設立、長期保養、清潔、後續營運，三年總共需要兩百四十萬，在三十萬就能蓋一間校舍的吉里鎮，根本沒有單位能夠吃下如此大的案子，更何況還要負責長期營運。

但是，這對遠山呼喚來說是個契機。為了創造長期教育，我們原本就必須串連當地從官方到民間的各個團體，那何不在一開始，就用一個案子把大家串連起來，變成命運共同體？

> ”能否抱持正面態度面對問題，取決於我們是否以同樣正面的眼光看待自己，無論再艱難，都不能看輕自己。“

對遠山呼喚來說，危機往往是最好的轉機，在充滿變數的偏鄉，我們早已習慣用這種思維面對困境。於是我們大膽地接下這份責任，「校車計畫」由在地團隊擔任總召集人，而遠山呼喚負責集資與購買校車，市政府負責規畫站點、處理牌照、塗裝與保險，校方負責後續營運。只要把專案拆成三份，並且賦予大家各自熟悉的任務，校車計畫就有機會成功。我們的目標是在十一月「下學期」開學期間，就讓孩子們搭校車上學。

堅定的姿態凝聚了消沉許久的政府與校方，大家在日復一日的磨合中，看見了新的希望。校車路線真真切切地出現在市政廳的地圖上，何時要從印度下單買車，新車何時要越過邊界進入尼泊爾，何時要舉行開幕儀式，這些花了好幾個月刻畫的細節，匯聚成了一張夢想藍圖。**在團隊合作的過程中，你覺得自己最擅長的角色，就是應該扮演的角色嗎？多數時刻，領導者不是一支獨秀的舞者，而是默默搭建舞臺的人。好的領導者必須擅長發現天賦、為夥伴選擇合適的位置。更重要的是，敢於承擔沒人要做的事，才能激發眾人的信心，凝聚各方的力量。**

才兩個月，籌備就大功告成。此時此刻，箭已繃在弦上，我們將面臨最艱難的關卡，集資即將開跑，成敗在此一舉！

另類的大聯盟：超級配音員

把時間拉回兩個月前，我們第一次開集資會議，就意識到時間過於緊迫，而且光靠遠山呼喚當時的網路聲量，能在兩週內觸及的群眾遠遠不夠，我們勢必要改變這次集資的策略。

「如果讓代言人一起來拍影片呢？」

「什麼意思？成功的集資都是以孩子為主耶？你是說像藝人嗎？」

「而且我們請不起吧，藝人都很貴。」

「先聽我說，如果不是代言，而是配音呢？」

「這跟代言有什麼不同？」

「代言人是端菜出場的人，配音員卻是做菜的人，這是一個名廚駐場的概念，跟廣告完全不一樣！比起名人代言分享，請本來就關注遠山的人，或是教育圈的意見領袖為集資影片配音，就像是與他們一起製作專案，這會是更強而有力的支持。」

「懂！邀請他們一起參與專案的意思！但他們會願意嗎？」

遇到困難的時候，如何創造靈感？又該如何實現靈感？這是我長期練習的三項能力：**連根拔除思考框架的能力，重新擬定思考前提、改寫遊戲規則的熟練度，以及能夠精準驗證的速度。更重要的是：準備重新來過的心態。**

當下我們便動了起來，拿電腦的拿電腦，寫企畫的寫企畫。當天就聯繫了教育圈、登山界、影視圈的意見領袖。

二〇一九年十月二十一日晚上，集資正式上線。關鍵的「集資影片」在粉專上發布，影片由兩次登頂聖母峰的臺灣女性登山家江秀真開場，她說：

「在聖母峰山腳下的吉里鎮，住著五百個小登山家，他們每天都要翻過一座山才能上學。」

秀真姐與遠山呼喚有深深的緣分。在攀登聖母峰的過程中，她與擔任高山協作員的雪巴族人建立了深厚的情誼，下山之後仍念念不忘兒童的困境。

接著，教育圈的領袖葉丙成老師介紹起遠山的故事，分享一群臺灣青年前往尼泊爾的初衷。老師不只是遠山呼喚的捐款人，也是我們在創業歷程中的業師，他在長期投入兒童教育的同時，總是盡心盡力幫助新創的教育團隊，給予我們許多經營組織的建議。

畫面一轉，由演員柯淑勤訴說計畫的細節，柯姐曾經跟遠山呼喚一起前往服務據點。記得當天她來錄音室潤稿，個性直爽地說：「演員就演員，不用加金鐘視后啦。」她一開口配音，就讓現場的工作人員驚豔，導演比著讚說：「不愧是pro的。」

她的聲音清晰而且無比堅定。

「只有一條平安的上學路，才能真正解開吉里鎮的教育死結，這次的計畫，就是關鍵！」

秀真姐的聲音，渾厚且溫柔地把影片帶向終點。

「鞋都破了、傘都斷了，他們還沒有放棄，我們也不能放棄。」

畫面上出現了一群還在路上堅持的孩子，就在此時，他們三人一起看著鏡頭，堅定地說：

「不要怕！我們陪你一起去上學。」

那一刻充滿了力量，就好像真的有人把手搭在你肩上，對遠山團隊來說，無數個日子的努力，彷彿在此刻凝聚成希望，「校車計畫」已不再是遙遠的夢想。勇敢跳脫框架的創新作法、不害怕失敗的心態，以及無比專注的執行過程，終將逆轉了結局。

影片釋出不到一週的時間，我們提前募集到了兩百四十萬元，三週之內，就讓兩臺校車出現在吉里鎮。正因為一群臺灣人願意出手相助，五百位孩子的命運才能開始轉變，遠山呼喚也才能成功移植教育經驗，在吉里鎮翻轉教育環境。

這一路走來，逆勢而上的祕密是什麼？我相信吸引「超級配音員」們無條件支持、信任、相挺的關鍵，不是遠山呼喚的「獨自前進」，而是大聯盟的「共同相信」。信任是什麼？信任，就是讓立場迥異的人站在同樣的立足點，並且一起看向更好的未來。

敢於承擔沒人要做的事，
才能激發眾人的信心，凝聚各方的力量。

信任，就是讓立場迥異的人站在同樣的立足點，
並且一起看向更好的未來。

03

活著，不是爲了取悅別人

誰都不准爲了團隊，變得不喜歡自己

你不覺得，當我們沒有提及一家「別人創辦」的公司，

就無法解釋自己為何工作很可怕嗎？

為什麼我們每天醒來的理由，是完成別人的夢想？

有次，我跟一群創業家在一起爭論：「創辦人是否應該找員工討論公司困境？」有人認同：「這會讓公司更透明，也讓大家更想了解公司文化。」但大多數的人抱持反對意見：「員工並不想承受這些，只想做好自己的工作。」

開始上班之後，你是否覺得格格不入？是否曾被上司質疑「為什麼別人可以，你就是做不到」？不管你現在是老闆或員工，我都想和你說一個故事。

在群體中，每個人本來就都是與眾不同的個體

在二〇一九年籌備「校車計畫」的過程中，發生了一個小插曲，反倒成為我對這個案子印象最深刻的事件。

在探勘期間，我們遇見了因為無車可搭，而在放學途中被雷擊的女孩，她願意接受我們的錄影訪談。於是，我們相約在學校外頭山坡的草地上，那時才知道，原來遭受雷擊的女孩不只一位。她們從遠方走來，我立刻發覺她們的穿著好奇怪，中午天氣有點熱，她們卻全身包得緊緊的，其中一位還戴毛帽。她們在草

地上席地而坐，訴說起當天的情形：「我們回家要走兩個小時，要翻過那座山。當天雨下很大，我們真的累了，就坐在路邊的工地休息。」我順著她指的方向看過去，天啊，那座山真遠！我們這邊還是大太陽，那座山卻已經被烏雲籠罩了。

「結果突然間，工地有東西倒了下來，應該是被風吹倒了。結果，我醒來之後已經在加德滿都的醫院了。」事實上，女孩們是受到倒塌的高壓電電擊，其中一位瞬間失去意識，昏迷了三天。幸好當地醫療中心緊急調派直升機救援，將她送往首都，才救回一條性命。

她說著說著，突然把毛帽拿了下來，那一剎那，我的心好像被緊緊勒住了。我看見她的頭髮全都不見了，整塊頭皮嚴重腫脹，一大塊肉高高攏起，她的手臂也同樣腫了起來。結束訪談，社工Sang私下跟我說，女孩需要開刀切除這些腫塊，狀況才會好轉，但初期至少就要支付四十萬。我一聽完心就涼了，這對吉里鎮的窮人來說根本不可能。但是，她的傷勢一直在我腦海裡揮之不去，回到了臺灣，團隊為此進行了一次非常嚴肅的討論，決定是否在校車計畫募資期間，同時為女孩募款。

我們討論了兩個方案，第一個是將女孩的需求變成第二階段的集資，第二個則是另外開啟個案救助的募資基金。然而，兩個方式都必須使用女孩的錄影，或是靜態照片。這讓團隊成員進入了空前激烈的辯論，每個人都堅守立場互不相讓，「就算女孩本人、家人都同意，怵目驚心的照片也不該成為集資的素材啊！」會議桌上的言詞交鋒越來越犀利，氣氛也瞬間冷卻，但是最後我們達成共識，並沒有為這兩個孩子募款。當天另外一個討論的議題則在於，遠山呼喚身為「追求長期教育」的組織，應該要把募集的資金投入個案還是整體？當四十萬可以幫助一整個學校的孩子吃一年份營養午餐，我們該如何使用？

寫到這裡，我真想知道你會怎麼做，你會公開這些影像嗎？會為了兩位女孩打翻籌備了好幾個月的集資策略嗎？身為服務者，你如何訂定服務守則？若你為了大群體而放棄拯救女孩的最後希望，再次見到她時你該說什麼？這些問題對於服務者來說是殘忍的，會議室一頭的電視上，播著受傷女孩的訪談影片，另一頭的白板卻正在計算整體影響力。一邊是感性、一邊是理性，這麼一拉扯就扯出了「人性」，團隊成員也在此時真正看清楚彼此、真正相互理解，也真正地成長了，這一刻多麼真實。

在會議桌上，每個人講話的「分量」，不會因為誰是創辦人、誰不是而有所不同。夥伴與我秉持截然相反的意見，對我而言是再正常不過的事情，因為創辦人能容納多少迥異的觀點，就代表團隊的發展能有多寬。「追著同樣夢想的人，擁有迥然不同的想法」這樣的事情是常態，而非異狀。你要知道，抹滅夥伴個性的領導者，心中沒有理念，只有利益。又或者，在他們眼中你根本不是夥伴，只是可以汰換的齒輪。

”如果你還沒忘記自己是誰，你必須趕快思考一個問題：我這一輩子，難道要為了取悅別人而活著嗎？“

有多少專業，就有多少選擇權

誰不想選擇工作，而不被工作選擇？如果你是年輕的社會新鮮人，這段文字或許會有些刺痛，但我不打算用勵志書的慣用金句唬你。這世界很現實卻也非常公平，它曾用無數挫折教會我：**之所以無法選擇，是因為能力不夠，而所謂能**

「追著同樣夢想的人，擁有迴然不同的想法」
這樣的事情是常態，而非異狀。

力就是「專業度」。

第一次意識到「專業」為何物，是帶著東森「聚焦全世界」主持人舒夢蘭前往尼泊爾拍攝節目的時候。在那之前，她已經獲得金鐘獎的肯定，節目足跡曾踏過非洲、柬埔寨、秘魯甚至貝加爾湖，也在海內外擁有一群定期收看節目的粉絲。然而整趟旅程中，她與攝影師一松大哥的態度讓我覺得，不管在於追逐完美鏡頭、構思最終腳本，還是掌握觀眾觀點，**驅動他們做好每個細節的，不是對於掌聲的追逐，也不是老闆的規定，而是想要贏過自己的那份信念**。

出發前，我們常與她的主管一起開會，並十足感受到夢蘭在這份工作上受到毫無保留的支持。夢蘭擁有前往世界任何國家的自由，也能全權主導節目，然而，一起出國後才知道，他們也曾在其他國家吃過很多苦。**原來在工作上所擁有的自由，是多年來用專業度堆疊出來的**。

第二次被專業驚豔，是拜訪家扶國際處的時候。原本以為是坐下來認識這個比我們大幾百倍的組織，結果竟然得到各領域的專家、整整三個小時的深度簡報！我們從組織變革、客戶關係管理系統、海外專案，聊到數據統合、人才培養、經營理念。

講到數據統合的時候，我心裡越聽越驚恐，很難相信自己看到的東西。因為家扶國際處花了七年的時間，建立問卷及數據搜集系統。七個國家、上萬個兒童跟家庭的數據能分開觀察，也能有邏輯地整合，變成準確的決策依據，這是遠山呼喚一直想做好的環節。

主任林秉賢跟我說，關於這套數據統合系統，他們一開始也沒有頭緒，這全是他們用了十年的光陰摸索出來的。以前家扶給我的感覺一直是腳踏實地，但現在我覺得，家扶在追求卓越。

在我心目中，專業有兩種層次。專業的表層，是讓自己在業界變得無可取代；而專業的核心，則是「每天都要贏過昨天的自己」。前者是被動的思維，是對於外界的交代，而後者是主動的追求，是對於自我價值的實現。比起蜻蜓點水的雜學，有時候專精於一項技能、並且精益求精的人，往往擁有更多人生選擇。

擁有專業之後，你要為自己作夢

「你們有領薪水嗎？還是志工？」到現在，辦公室仍會接到這樣的電話。社會總是下意識地認為，一個人之所以加入公益組織，是因為他「熱心奉獻」。我並不認同這樣的想法，之所以加入公益組織、留在遠山呼喚的理由，是因為他「擁有專業」。只是在這裡，專業有不同的意義，被用來實踐長期教育的夢想。

判別自己是在為別人做事，或是為自己作夢的方法很簡單。假設遇見一個陌生人，你會如何介紹你的工作選擇？你會說「我為某某公司工作，公司在做的事情是……」，還是說「我想完成某個理想，所以我選擇這家公司」？

你不覺得，當我們沒有提及一家「別人創辦」的公司，就無法解釋自己為何工作，這件事情很可怕嗎？我們又不是機器，為什麼每天醒來的理由，是完成別人的夢想？

「把遠山呼喚當成實踐夢想的工具。」我會這麼說，因為我深深相信，團隊的創辦人只是載體，而推動團隊前進的，則是「懂得為自己作夢」的團隊夥伴。

比起蜻蜓點水的雜學，
有時候專精於一項技能、並且精益求精的人，
往往擁有更多人生選擇。

”工作應該要讓人越來越喜歡自己，而不是越來越討厭自己；工作應該創造自信、成長與價值，而非剝奪夢想的空間。“

進入社會的你，還擁有自己的夢想嗎？有時候，我們覺得自己沒有選擇，其實是因為內心非常害怕，深怕選擇「錯」了。然而，**比起為自己迷失一次，一輩子活在一場「將對與錯交由別人來定義」的人生裡，任由生活日復一日變得麻木不仁，這不是更讓人害怕的事情嗎？**

趁你對人生還有「感受力」的時候，為自己勇敢選擇一次吧！

每個人作夢的方式都不一樣，是要怎麼好好做事？

當勵志書的文字呈現一片榮景，這之中必定會有陷阱。因此，我們也必須反面思考，嘗試打臉自己。對啊，事情其實沒那麼簡單吧！每個人都任性做自己的話，團隊不會四分五裂嗎？

遠山呼喚是社創圈裡少數「雙人領導」的團隊。說出來應該沒人會相信，我跟我的共同創辦人 Emily，是兩個個性完全相反的人。本質上，我沒什麼情緒波動，極度理性，而她充滿情緒波動，非常感性；領導方面，我總是往前看，她則專注於當下；對內溝通，我的表達過於直接，她則是相當含蓄；接收新資訊時，我擅長分析推演，她卻比我更擅長理解歸納；思考未來時，我總想跳脫框架再開新局，她則是偏向從既有的成果延伸。但我們有一個共同點，就是在每一件跟遠山呼喚有關的事情上，兩個人都非常固執。不只是我們，其他夥伴的個性與經歷也都非常不一樣。

那麼，在高壓的新創氛圍，以及無止盡的挫折之下，我們怎麼還存在？仔細思考後我發現，**拉扯與扶持之間，相互耗損與彼此激勵之間，存在著一條極其細微的分隔線，你身處哪一端，則取決於「分工」與「溝通」。而分工的前提是擁有各自的專業，溝通的前提則是擁抱同樣的夢想。**

團隊之所以完整，是因為擁有一群彼此不一樣的成員。在原先的標題中，我寫下「誰都不准為了團隊改變自己」，但我發現自己錯了。一起追夢的過程中，我們都已然為了彼此而改變自己，改變的過程往往充滿衝突，卻也讓團隊成員更加了解彼此。**我相信，如果每一次溝通的過程，都不是拿著專業互相搏鬥，而是找到接點，然後將專業組成梯子，團隊一定能夠變得更好，夥伴們也都能更喜歡自己。**

誰都不准為了團隊，變得不喜歡自己。

比起為自己迷失一次，一輩子活在
一場「將對與錯交由別人來定義」的人生裡，
這不是更讓人害怕的事情嗎？

遠山記事

我在你的家鄉等你回來

你覺得我們活在世界上，是不是真的有「使命」？人生的轉折來得出其不意，一連串的選擇把我們帶往未知的明天，於是日復一日，無數選擇造就了現在的我們。如果會發生的一切都源自於自己的選擇，那麼，「人要有使命」這件事情，會不會只是幫助我們面對轉折、做出選擇、走向未來的一套說詞？

正因如此，我雖然相信自己的選擇，卻不相信有所謂「生而為人的使命」，直到我遇見她們。

沒有選擇的人，也能找到使命

故事開始於一場相遇，以及一場離別。二〇一五年，尼泊爾發生大地震，我們完成賑災募款，即將前往尼泊爾震央。出發前，我向在尼泊爾開旅行社的朋友詢問，是否有推薦的隨行翻譯。這位旅行社老闆可是大有來頭，他是雪巴人，還是個喇嘛，同時也是一所震後孤兒院的院長。他二話不說便推薦了Maya。

Maya是遠山呼喚與在地連結的開端，如果沒有她，就沒有今天的遠山呼喚。當時，她還是一位在學的雪巴女孩，二十多歲，有著細細的眼睛、黝黑的膚色、瘦瘦的身材，以及跟我們一樣的華人面孔。剛開始跟她一起工作的幾天，我就發現這位翻譯擁有過人的領導天賦，她的心思細膩，而且做事明快，每每遇到突發狀況，Maya總能找到解決方案。每當我們完成一件任務，開始思考下一步的時候，她會告訴你早已規畫好的流程。

往後的一年半，她成了遠山呼喚的社工。每次我們前往尼泊爾，她都會帶著我們在廓爾喀翻山越嶺，穿越看似沒有路的山徑，抵達每一位孩子的家。然後，Maya會用跟家人說話的語氣，呼喚每位家長及孩子的名字，平常不管哪一位孩子需要緊急協助，她也總能立刻聯繫到家長。慢慢地，她成了服務的核心人物，不只遠山呼喚，就連當地校長、家長也都無比倚賴她，更把大家緊緊聯繫在一塊，讓不可能的事情一一實現。

我總是非常好奇，這個只比我們大幾歲的雪巴女孩經歷過什麼？是什麼讓她變得如此沉穩，不像是普遍迷茫的尼泊爾青年？在一次遙遠的路途上，她向我們分享了自己的故事。

「我出身於一個非常貧窮的家庭。成長的過程中，我曾經失去教育的機會，但後來我一路完成了學業。正當我準備要改變人生的時候，我的媽媽生病了，而我一心只想賺錢照顧我的家人，所以就申請了打工簽證，變成一位移工。」我們驚訝地看著她，難以相信她如此年輕就曾在國外工作。

「我被分派到賽普勒斯，一個地中海的小國，然後在一個農村家庭裡當幫傭。我不知道自己的未來在哪裡，每天我從早上工作到天黑。雇主對我非常壞，就連後來我生了重病，也沒有得到任何照顧。在人生地不熟的地方，我覺得自己沒有希望了。最後，我終於拖著重病的身子回到尼泊爾，而開旅行社的叔叔接納了我，支持我繼續過著半工半讀的生活。最後我便遇見了你們。」

二〇一七年遠山呼喚已經在廓爾喀站穩腳步，有天 Maya 捎來訊息給在臺灣的我們，說很抱歉自己即將再次出國工作，這一次要去韓國當農工，不知道幾年之後才能回國。

在韓國，她可以賺到每個月三萬臺幣的薪水，那是尼泊爾基本薪資的五倍。當下我感到非常痛心，她為遠山做得太多了，一起打拚的過程讓我們就像家人一樣。看見這則訊息的當下，一想到如此優秀的人被迫選擇流連海外，我的內心就感到非常不捨。

「為什麼連照顧好自己人都做不到？」少數時刻，我會這麼質問自己。當時遠山呼喚還不夠強大，但這幾年每當團隊漸漸成長，我都會感受到我們跟 Maya 在這茫茫的世界上靠近了一點。因為我們深深相信，有天她會回來遠山，重新穿上深藍色的制服，走進田野中擁抱孩子。當那一天到來，我們會支持她過上沒有後顧之憂的安穩人生。

她離開團隊之前，遠山呼喚正在臺灣參加一場公益競賽，競爭一百萬的夢想資金。我們必須在申請資料附上至關重要的推薦信，我知道推薦信要由臺灣有頭有臉的人物來寫，但最後，我還是問了 Maya 願不願意為遠山推薦。比起大人物的落款，我更希望推薦信裡有真實情感、有堅定不移的理想，因此，沒有人比 Maya 更適合訴說遠山呼喚的理念了。

在信中，她分享自己的故事，也分享了遠山的初衷，以及孩子們的真實遭遇。最後她寫道：「在遠山呼喚工作已經滿一年，而這一年來對我人生的影響十分深遠。我有非常多的機會可以與家庭、學校及孩子們相處，我成為的不僅僅是一位社工，而是更有責任的存在。我對這群孩子有了使命感，希望可以支持、陪伴他們走過這段路程。我找到的並不是一份讓我過得很舒服的工作，而是一份能讓我自己與父母都感到十分驕傲的職業。」

使命。就連沒有選擇的人，也能找到使命。

她的故事改變了我的想法，使命的意義不只是創造選擇的工具，不只是協助你我度過難關的精神糧食，而是我們對於未來的美好期許，是我們勇敢前進的理由。

你的堅強從何而來？

Maya的離去，讓遠山呼喚頓失最強大的依靠，在地社工們也失去了領袖；但是失去最多的，卻是另一位尼泊爾女孩Sang。她是Maya最要好的朋友，在Maya的帶領之下，來到遠山團隊實習。此時此刻，她面臨兩個選擇，一是離開遠山呼喚另尋工作，二是留下來，但必須一肩扛起上千位孩子的未來。這並非一般人能輕易接手的工作，因為必須長期留在尼泊爾偏鄉，重新架起自己與政府、學校、家長之間的連結。而如果要維繫在地人對於遠山的信任，Sang 必須展現出更強大的領導力，也必須更有效率地推進教育進程。當時 Sang 才二十歲，還是個半工半讀的大學生。我跟 Emily 一邊迅速行動，重新分派任務，一邊評估著眼前的情形，甚至做好了自己長期駐點的打算。

但是 Sang 毫不猶豫，她主動與 Maya 完成了交接。接下來幾個月，她用行動告訴大家：現在由我來領導。在尼泊爾，年輕人都想著要「逃離」自己的國家；身為一位尼泊爾的大學生，你會看著你的朋友一個接著一個出國工作，去追尋更好的薪水。Sang 在面對各方壓力的同時，就正好處在這個頻繁送別的時期，最後就連自己最好的姐妹也去了韓國。然而，就在這心靈與現實奮力拔河的關鍵時期，她的母親因病離開了人世，她失去了世界上最重要的依靠。如果當時她告訴我們「我要放棄這一切」，我們絕不會責怪她，甚至會因為她走上了更輕鬆的人生道路，而感到開心。但是 Sang 選擇了正面迎向挑戰，她努力撐過了這段黑暗的人生，還慢慢地把悲傷變成了追逐夢想的燃料。她常說一句話：「如果你覺得自己的國家不夠好，就更應該要留下來改變它！」

Sang 是我見過最正直的人，她擁有一顆堅定的心，因此在面對挑戰的時候，她總能忍受壓力完成工作，過程中也絕不會選擇走捷徑，或做出違背初心的事。

這讓我想起幾前年，Sang 獲選來臺灣參加一場培訓，這對遠山呼喚來說是件大事。我們早早就訂好了旅館，安排了每天要讓她認識的業師，準備好內部的會議內容，也買好了她的來回機票。直到要出發那天，她托運完行李卻在海關被攔了下來。尼泊爾政府害怕自己的國人「逃跑」，所以會百般刁難沒有證明旅行目的的旅客，不讓他們輕易出境，當天 Sang 就這樣被困在海關。我們在十二小時內聯繫培訓的主辦單位，最後拿到臺灣外交部的證明，全臺灣再也找不到更有說服力的證明文件了，同時，我們也再買了一張隔天的機票。

沒想到，第二天 Sang 仍在海關被擋了下來，原來他們真正的目的，只是要 Sang 塞錢而已。我跟 Emily 在電話中告訴 Sang，為了要讓她來臺灣，我們跟主辦單位已經買了兩趟來回機票，還驚動了外交部，如果她當下不塞那一百元美金給貪汙的海關，遠山呼喚就會失去遠高於一千元美金的機票錢，而她也會錯失難得爭取到的培訓機會。但是，在那無比緊張的時刻，Sang 不管怎麼樣就是不塞錢。在臺灣這端，我跟 Emily 正出席一場新創公益組織創辦人的聯合培訓，我們非常難為情地中途跑出去，整整五十分鐘都抱著電話試圖說服她。眼看飛機就要起飛了，但是她一次又一次地拒絕塞錢，我們又是嚴厲聲明又是柔性勸導，直到最後一刻飛機起飛，Sang 還拿著電話，留在機場內與我們抗爭。想起昨天晚上多方人馬合力聯繫外交部，大家半夜還幫忙搶機票的場景，當下真的快被 Sang 氣死了！

沒想到，隔天 Sang 寫了一篇社論投稿到尼泊爾的主流報社，說國家應該要支持、幫助人民改善就業環境，而不是因為害怕人口外移，就把國人扣在海關。上刊後的幾週，好幾位貪汙的海關遭到逮補。知道這件事情之後，我開始理解 Sang 在想什麼了，她是用如此強大的心智來維護自己的理念，寧願失去第一次出國看世界的機會，也不要成為國家沉淪的幫凶。因為，她從跟著 Maya 來到尼泊爾災區以來，就找到了一輩子的使命，她註定要留下來用自己的方式改變尼泊爾，所以每一步都走得如此堅定。Sang 努力不懈的身影讓我深深相信，能夠發生在你我身上最美好的事情，就是找到使命。

Maya 離開後的那年，Emily 很頻繁地前往尼泊爾培訓 Sang，她們一起克服了很多挑戰，才創造了長遠的服務架構。終於在二〇一八年，Sang 領導在地青年成功通過政府審核，在尼泊爾成立了NGO，開啟了她一輩子的教育志業。正因為有這一切的發生，遠山呼喚才能開始創造「以離開為目標的服務」。二〇一九年，東森新聞節目「聚焦全世界」與遠山呼喚一同前往尼泊爾，我永遠忘不了節目的最後，Sang站在首都一條又髒又臭的河流邊接受採訪，到了尾聲她哽咽地說：「如果我出國了，我或許會變得有錢，但是我的國家會依然貧窮。錢並不是一切，我們必須思考未來。」這段話讓人動容。身為她的領導人與好朋友，Sang總是讓我們感到好驕傲，我總覺得有她在的尼泊爾，沒有不可能發生的教育奇蹟。

chapter 05

迎向世界

出國打卡之後，
別忘了被世界打臉

Ishwor的故事

今天，我要升上國中

Ishwor 從床上跳了起來，匆匆換上早已不合身的制服，隨便吃了片烤餅就急著收書包出門。他克制不住心裡的期待，今天他要去新的學校「Bal mandir」報到。

Bal mandir 是一所完全中學，總共有一到十二年級，校園是 Ishwor 就讀小學的三倍大。Ishwor 還記得這間學校曾在地震之後受到重創，一半的校園都毀了，但是校長沒有放棄。除了努力跟政府尋求重建資源外，他還在學校裡設立孤兒院，收容震後失去父母的孩子。後來，原先在 Ishwor 學校裡的臺灣組織也到了這所學校擴大服務，那裡成了他們在廓爾喀的服務中心。遠山呼喚的社工 Sang 每次到 Ishwor 家訪談，都會和他說起 Bal mandir 的事情，告訴他：「只要你努力一點，那就會是你以後要念的國中。」

Bal mandir 的校長與老師們都很用心，不久之後，這所學校就成為許多同學的目標，就連住在遠方山頭的同學也想走路過來就讀，還好 Ishwor 只要走十五分鐘就到了。他轉進一條市街上，經過了好朋友 Anish 的新住處，他記得這間房子的租金是由臺灣人捐助的。他還想起 Bal mandir 附近有一所更大的學校 Mahendra Jyoti，也跟遠山呼喚開始合作，Anish 跟 Susmita 就是要讀那間。天啊！真不敢相信他們都搬離了帳篷，連那個讓老師最頭痛的 Susmita 也準時畢業了。

Ishwor 越走越快，穿越古城區之後，卻突然在一棟樓房前停下來。他抬頭看著這棟房子，想起這裡曾是自己工作過的工地。他盯著這棟建築物許久，想著那些角落的釘子是自己釘的，也認出中午吃飯時常靠著休息的柱子，那時曾偷聽其他大哥哥說著自己出國打工的計畫。這些遙遠的回憶，現在看來多麼不真實，兩年在學校的時光讓時間飛逝，自己早已不是那個拿著榔頭的孩子了。

Ishwor 別過頭繼續前進，把過往的記憶與這棟房子一起留在身後。陡峭的階梯出現在眼前，他知道走上這道階梯之後就是學校，人生將會獲得新的開始，但是 Ishwor 的心跳卻突然喧囂，他感受到自己有多麼緊張。媽媽的身體每況愈下，爸爸酗酒的習慣仍未改變，家裡的磚牆又該補了，而且弟弟也需要繳交學校的學雜費。他半蹲著彎下腰，把雙手撐在膝蓋上，感受到逐漸長大的過程中，那些從未減少的人生壓力。

突然，他被撞了一下，一位女孩匆匆說了聲抱歉。他抬起頭，發現自己被趕著上學的學生包圍了，大家都爭相走上眼前這道階梯。他看見無數破損的長襪、褪色的皮鞋、髒掉的藍色制服，然而在這條充滿缺憾的藍色大河裡，孩子們的笑聲依然繚繞。Ishwor不再害怕了，此時此刻，他揮別了過去，也接納了當下。

晨光迷濛、樹影錯落，只見他提起了腳步，邁向等了許久的美好未來。

01

出走，是爲了看見別人怎麼活著

闖進世界的逃跑計畫

原來「壯遊」是為了看見別人怎麼活著，

每一次獨立思考、每一次選擇，

都在建構屬於自己的世界觀。

我常在思考，故事是怎麼開始的？

早在二〇一五年尼泊爾大地震發生、我投入國際教育之前，是什麼形塑了我的人格？如果在大學之前的我，是這麼一位被升學緊緊綁住、沒太多個人思想的學生，那麼，在短短大一、大二這兩年，是什麼激發了我的思考？每一次，我都會在同樣的地方找到答案——在旅途上的時刻。

為什麼我會不斷地踏上旅途？

其實在那兩年，我之所以會像羚羊一樣狂奔，只是為了逃避身後那隻獵豹——「我到底是誰？」的自我質問。在國小到高中的升學體制下，我從來沒有好好思考過，而這些問題無時無刻不追殺著我。

好不容易上了大學，我卻發現依舊身處在一個被保護的環境裡頭，在這資源充足的學府，我的世界卻再次縮小了。我感到害怕，也感到無比憤怒，我都還沒為自己做出選擇，為什麼人生已經沒了其他可能性？我實在不想再這樣下去了！我需要漂流、需要赤裸裸的教訓、需要失去控制、需要離開有規則，有套路的擂臺，在沒有規則的街頭跟現實打一架。我真的好想找到自己。

所以每到寒暑假，我都會背起登山包，走進陌生的世界。我渴望逃離學校、逃離這個像鳥籠一樣的升學體制、逃離被迷霧遮住但終將到來的未來，逃得越遠越好。

騎單車環遊世界的愛爾蘭大叔

大二寒假，我從日本九州最南端的鹿兒島出發，用三十幾天的時間旅行到北海道最北端的網走。那是日本最寒冷的時節，白天我都穿著同一件毛衣；為了省下寄放行李的錢，到哪我都背著我那黃色登山包，連去美術館也一樣。午餐的時候，我吃著全聯買來的行軍口糧，晚上就睡在別人的沙發上。好一點的話，可以住進膠囊旅館，或是青年旅館的通鋪。

我就是在那樣的地方遇到他的。那是一間八人和室，空空蕩蕩的，只有地上放了八組寢具，被六個三十公分高的屏風作勢隔開。非常詭異的是，一組寢具前架著一臺腳踏車。如果你看到這景象，一定會想：「這裡不是要脫鞋嗎？哪個天才把腳踏車牽進和室？」

所以我選了他旁邊的位子，想看看這位到底是何方神聖。

不久之後，走進一個身材魁梧、頭髮飄逸、衣衫破舊、鬍子……我真不知道要如何形容他的鬍子，總之，這位外國大叔看起來就像流浪漢。

「How are you！」他爽朗地跟我打招呼。

我問他這是他的腳踏車嗎？「我正在騎車環遊世界。」他說，然後指著車子上的小袋子。「這些是我所有的東西，不見的話我就破產了，所以我求民宿老闆讓我把車放這裡。」

我恍然大悟！原來是因為這樣，等等！「你說你用這個在環遊世界？」

「其實不完全是這樣，這是第三臺車了。我一年前在義大利被搶，後來有人送我一臺他不要的，但那臺車不能上飛機，現在這臺是日本人二手的。噢對了，我來自愛爾蘭，你呢？」

我們聊了起來，我告訴他臺灣也可以騎單車，而我也曾在臺灣騎單車環島。於是他問我，臺灣的交通安全嗎？我說：「OK啊！」然後再補了一句，「如果你不怕出事的話。」我們一起大笑。「嗯，臺灣可以是你的最後一站。」直到寢室關燈了，我才問他為什麼要環遊世界。

他說：「我在愛爾蘭長大，愛爾蘭什麼都沒有，只有看不到盡頭的山丘。我在我出生長大的城鎮成為老師，我爸媽也都是老師。你知道的，就是我過了快四十年的人生，都在同一個地方。」說到這裡，他似乎陷入了回憶，好一陣子不說話。

「有一天，也不知道為什麼，我突然就很想要改變，想要為自己做一次選擇。隔天，我辭職了，然後就上路了。真的很神奇，那天之前，我一直以為自己沒有選擇，我的一輩子就是那樣了。但其實多數人都能選擇，都能改變自己。」

黑暗裡，他低沉的聲音撼動了我的心，我好像找到了很多的勇氣。我開始相信，麻木的人生、迷茫的人生、壓抑的人生……對於正經歷這些的人們來說，這都是過程，可是到了最後，並沒有改變不了的人生。你想想：

”如果這個來自愛爾蘭的老師，可以因為一念之差就騎車繞過半個地球的話，我們的選擇也能很有力量，改變隨時可能發生，不是嗎？“

然而，並非世上每個地方都充滿了正能量，有時候，最堅強的人往往活在最悲傷的地方。目睹他們活著的姿態，足以讓人瞬間成長，對我來說，那地方就是西藏。

同樣的世界，不一樣的西藏

看見布達拉宮的時候，我的呼吸暫停了，嘴巴張得開開的，眼睛眨也不眨，像根木頭站在那裡。

人類怎麼能造出這麼美的東西？

西藏給人的就是這樣的感覺，那裡的風景有種魔力，去過之後彷彿全世界的山都矮了一截，你再也找不到這麼藍的天空，聽不見如此冷冽的歌聲。然而去過西藏，真正扎在你心裡的，是藏人與信仰之間的連結——在佛寺搖曳的蠟燭、跪在大佛面前的人們，尤其是那些「轉山、轉湖、轉城」的身影。

第一次看見這些時，我們已經從拉薩開了五天的車程，車子快速經過他們，我只看見一位老婆婆趴在路上，正蹣跚地站起來。藏人會從家鄉以三步一長跪的方式，徒步走到拉薩的大昭寺，不可中途而廢；若家人在途中因失溫而喪生，也必須繼續前行。到那遙不可及的拉薩，有時一走就是半年。藏人在路上重複無止盡的長跪磕頭，只為了停駐於遠方那尊觀光客不斷路過的大佛膝下，行那一次長跪之禮。一路上，有人會生病、有人會死亡，但沒有人會逃離朝佛之路。活著，就是為了歸去，回到那安放心靈的寧靜歸宿。

我們的嚮導，是一位跟我們差不多年紀的藏族女孩，她和其他西藏人一樣，有著曬傷的臉頰，吃著糌粑，喝著酥油茶，卻說著一口流利的中文，在漢人的旅行社討生活。

麻木的人生、迷茫的人生、壓抑的人生……
對於正經歷這些的人們來說，這都是過程，
可是到了最後，並沒有改變不了的人生。

在漫長的車程中，她聊起了西藏的一切，關於神話、關於土地、關於信仰、關於壓抑的人們。「有些藏人一輩子都不能離開西藏，就像我，一輩子都不可能有護照。有些人會把達賴喇嘛的照片，藏在家裡毛澤東的畫像後面，或是摺成很小很小塞在衣服裡。」她的眼睛睜得大大的，看著遠方。「該怎麼活？已經有人為我們選擇了。」她的話語中竟沒有一絲恨意，只有對於信仰的無盡溫柔。

她們的人生就像這片土地的縮影，上面蓋滿了漢人的飯店，資金流進了這片土地，牢牢掌控了藏人的生計。我記得有天夜晚，一位藏族男孩在火堆前用中文演唱著《青藏高原》，遊客都圍著他拍照，相機的閃光燈在他臉上閃呀閃著。看著那景象，再看看默默坐在旁邊的她，我突然發現自己多麼幸運。面對迷茫的未來，我們憑什麼覺得自己沒有選擇呢？

在前往納木錯湖的路上，我們的車子壞在路邊，只好在無邊的草原上坐著聊天，等待車子修好。她說：「我一輩子都不可能見到大海，大海是什麼樣子？」那一剎那，我突然詞窮了。我放眼望去，除了看見我走不完的無盡蒼穹，也看見她逃不出的人生牢籠。

我撒了謊。「也沒什麼，就跟納木錯湖一樣吧。」

一場辯論，讓我學會捍衛理念

後來，在京都青年旅館的餐廳裡，我遇見了一群中國學生，跟一對中國母女。媽媽帶著就讀小學的女兒出來玩，我對她們說我來自臺灣，她們便問我有沒有去過中國，就聊起了西藏。

聊著聊著，她隨口說西藏以前有恐怖分子利用宗教作亂，所以中國很早就進去管理了。那一瞬間，我心裡的一根弦好像繃斷了，一幕又一幕的回憶湧上心頭。無盡的高原、雪山、大佛、跪在大佛前的人們、轉山的老婆婆、在抵達大昭寺前筋疲力竭，只好匍匐前進的藏人，以及一輩子都無法離開西藏、也無法說出自己心中思想的女孩。

「那樣難道不是鎮壓嗎？」此話一出，交誼廳裡的中國學生都圍了過來。

「你們去過西藏嗎？認識藏族人嗎？」沒人回答。

「西藏開放以前，那裡的人民過得很苦，是政府幫他們蓋公路搞經濟，後來才能發展成這樣的。他們原本是次等公民欸。」一位女學生說。「是啊，都是為了他們好。」「先說這點，你同不同意嘛？」其他人紛紛附和。

「可是只有錢，沒有信仰地活著，你願意嗎？」我反問，氣氛瞬間凝結。「好了好了，大家等下都有行程，趕快散了吧。」那位最先發言的媽媽出來打圓場，於是中國學生準備離去。

我看著她年幼的女兒，「恐怖分子」、「次等公民」，她長大之後也會這樣想嗎？我遇見那麼善良的人，又算什麼？為了信仰而活錯了嗎？那一刻，我想要站出來，我從來沒有感受過自己這麼堅持一件事情。

「等一下！」我說。「你們知道，幾乎所有藏人都沒有護照嗎？」所有人又重新包圍我，我保持著禮貌，與大家展開激烈的唇槍舌戰。然而出乎意料地，過程中雙方逐漸願意給予彼此開口的機會，對話的形式也從爭辯變成討論。雖然最終大家並沒有被說服，卻真正同理了彼此迥異的思想世界。於是牆兩側的人終於看見對方的樣貌，才發現原來沒有誰是壞人。真正壞的，是蓋牆的人。其實整個過程，我都緊張得要死，但我覺得如果第一次面對這種情況，就學會逃避衝突，**不站出來保護我關心的人事物，我一定會失去一部分的自己。**

然而，當時那個迷茫的男孩，並不了解出走的意義。對懵懂無知的我來說，出走只算得上一場又一場的「逃跑計畫」罷了。很久之後我才發現，逃跑的路上埋藏著無數寶藏，**我在陌生人的抉擇裡找到勇氣，在遇見壓抑的生命之後懂得知足，在與人發生衝突的時候學會堅持。**

> **”原來「壯遊」是為了看見別人怎麼活著，每一次獨立思考、每一次選擇，都在建構屬於自己的世界觀。“**

故事就是這麼開始的。每段旅程都在關鍵的年紀形塑了我的人格，在創業之後，更形塑了我們創辦的組織——遠山呼喚的個性。到現在，我依舊很喜歡團隊面對挑戰時，永遠不怕一頭撞上去的模樣，也很珍惜我們年復一年，努力保護的教育理想。

與其
麻木前進，
不如
勇敢迷失

逃跑的路上埋藏著無數寶藏，我在陌生人的抉擇裡找到勇氣，
在遇見壓抑的生命之後懂得知足，在與人發生衝突的時候學會堅持。

02

對世界好奇，但不要停止懷疑

孟加拉思辨之旅

面對資訊，時時抱持懷疑與驗證的思辨精神，
有了獨自思辨的能力，才不會被片面的訊息牽動，
迷失了前進的方向。

飛機上：醫學博士的宰牲節餐敘邀請

二〇一七年夏天，我即將帶著團隊踏入社會。畢業之後我隨即飛往孟加拉，前往諾貝爾和平獎得主穆罕默德．尤努斯（Muhammad Yunus）的基金會實習一個月。

機艙內就像熱炒店，我斜後方的男人正高談闊論，前方一對兄妹站在椅子上嬉戲，空氣裡還瀰漫著一股淡淡的南亞香料味兒。在天空中偏安一隅的我，彷彿已經落腳孟加拉。

我的目光始終停留在旁邊的孟加拉婦女身上。她穿著樸素的穆斯林服裝，身軀占據了整個座位，於是她將手肘橫越座椅把手，緊挨著我的肋骨。

然而，我看得出她與班機上其他婦女不同——她沉浸在手上的iPhone裡，熟練地把玩著，玩膩了，便向空姐買了一組名牌耳墜，拿到之後也沒多看，只是喃喃自語用英語說了一句「好像買太多了」，便順手塞進腳下的袋子裡。

突然，她抬起頭來對我微笑，濃眉、皺紋與深邃的五官，就如同我在工作中認識的尼泊爾婦女。她叫Nashin，是一位孟加拉的醫學博士，到馬來西亞醫療單位擔任八年的教師，合約到期後便決定返鄉。

聽見我要在孟加拉社會型企業中心待一個月，Nashin便興奮地對我說起即將到來的「宰牲節」（Eid al-Adha）。「真主為了測驗先知的忠誠，便要他宰殺自己的兒子獻祭，先知非常害怕，久久未能下定決心。可是先知非常忠誠，最終他閉起眼睛，手起刀落，竟然發現真主已經將兒子換成一隻羊，而兒子好端端地站在一旁……」

Nashin邊說，邊拿著筆在我的筆記本裡比畫著。看著眼前這位年邁的婦女展現孩子氣，我深刻地感受到人與信仰，如藤蔓般用盡一生緊密纏繞的關係。如果你也有機會往復於充滿差異的人群，一定要聽人們訴說何謂信仰，因為「透過神看見人」，往往是看世界最直觀的視角。

「我邀請你那天來我家！」對於一個背包客來說，混進當地人家裡是每一趟旅程的終極目標，何況我現在多了NGO工作者的身分，自然一口答應。當時，我感覺到自己將用一個非常真實的「非官方」視角，深入認識孟加拉。

大街上：四溢的鮮血與滿街的窮人

宰牲節大約在每年的八月底至九月初（西曆）舉行。當日早晨，我就被窗外傳來的此起彼落的敲打聲吵醒。出發前往大馬路上叫Uber時，才一出門便聞到空氣裡瀰漫著血腥味，當下我真的好慶幸我沒吃早餐。鮮紅色的血水，從每一戶的車庫大門流瀉到街道上──原來方才的敲打聲，是刀具撞擊牛骨的聲音──到處都能看見民眾努力分割牲畜。

塞車五十分鐘之後，Uber載我來到城市的另一端。從車窗外望去，在雜沓的人群裡，我瞥見路旁一雙瘦如竹竿的腳，原來是一位母親抱著孩子，坐在地上乞討。那位骨瘦如柴的孩子就像昏死一般躺在母親的懷中。突然，一輛卡車在她們面前迴轉，就這樣正對著她們揚起濃烈的沙塵，那位母親只能無力地用手掩住孩子的口鼻。她的動作緩慢、眼神渙散，整張臉已被沙塵染成了灰白色，看起來已經用盡最後一絲力氣。**世界不只有滑雪場跟購物中心，而是充滿了臉書、IG打卡照片所難以訴說的醜陋。當你有能力選擇的時候，不要害怕到陽光照不到的角落，因為只有活在那裡的人能告訴你世界的真相。**

> ”當你凝視深淵，發現自己什麼都做不了的時候，你的心會變得更堅強；當你決定變成穿透包裝紙的陽光，挺身而出的時候，你將獲得非常真實的人生。“

「Hey！」司機顯得有些不耐煩，我這時才驚覺已經到達目的地。我趕緊下車並付了錢，朝Nashin的家走去。沿途我發現，在這高級住宅社區裡，幾乎每一戶的家門口都塞滿了人群——他們爭相把手伸進有錢人家的鐵欄杆內。

所謂宰牲節，是信眾展現忠誠的節日。因此，每一戶人家都要宰殺牛羊，連窮人也會殺雞獻祭。而在這一天，富人有義務對任何上門的窮人施捨，每殺一隻動物就得將肉分成三份，一份留給自己，一份分送親友，一份則施捨窮人。

餐桌上：在地人對於脫貧機制的微詞

Nashin為我準備了一桌豐盛的在地料理，像個慈祥的奶奶一般，督促我多吃一點，還不時幫我加菜。同桌還有Nashin的親戚，個個都大有來頭，大家用流利的英語交談著。他們問起我目前為止在孟加拉的遭遇，我便說起實習期間，最讓我佩服的窮人銀行。

所謂「窮人銀行」，起源於孟加拉的格萊敏銀行（Grameen bank，又稱鄉村銀行），以較低的利率借貸給窮人，讓窮人以少額的「微型貸款」自行創業，進而自力更生。創辦人尤努斯博士，更因為在世界各地推廣微型貸款，榮獲二〇〇六年諾貝爾獎。

我說起格萊敏銀行：「世界上各大銀行平均還款率是百分之八十，這間借錢給窮人的銀行竟然能做到高達百分之九十五！」

沒想到，卻引發餐桌對面發射一排飛彈——

「為什麼要跟窮人做生意呢？」Nashin的哥哥首先提出質疑。「其實有很多人因為向格萊敏銀行借錢，卻無法成功開業，又逃不出銀行的催繳，只好向其他機構借錢償還，於是陷入無止盡的借貸循環。」

Nashin的先生補充道：「他們的還款率高達百分之九十五，不代表大多數人創業成功，只代表了大多數人無法逃離這家銀行的催款機制——這家銀行的催款機制是什麼呢？在偏鄉，他們會將借款的人分成許多四人小組，只要有一人沒還錢，四個人都無法繼續借款！」

另一位長者苦笑著說：「其實在我們國家，應該先注重的是Macro（總體經濟），像水資源被印度壟斷這類受到鄰近各國壓榨，因而產生的民生議題，才是需要被先進國家、諾貝爾和平獎重視的。」

「微型貸款是個體經濟，或許有一些光鮮亮麗的成功案例，然而影響限於個人且並非永續，對整體環境並無實際的改善。得利最多的，反而是那些大規模借款的銀行與生意人。」

我深感震驚。一方面，當然是對過去包括自己也深信不疑、受人稱道的「窮人銀行」案例，在這發源地傲人的還款數字背後，竟有如此的一面；但另一方面，我也忍不住想著：宰牲節也好、窮人銀行也罷，當路旁無家可歸的窮人，把大規模的脫貧體系當成唯一的依靠，努力將手伸進體制造就的隔閡內、掙一條生路時，另一端，富人卻能夠在冷氣房裡，用豐富的事實與理論，「判決」體系的優劣。

先跳脫微型貸款是否有效，也先不論總體經濟與個體經濟的孰是孰非——在宰牲節不同的空間裡，我似乎對於貧富差距有了更深的體悟：

所謂貧富差距，不在於物質的多寡，更在於知識的懸殊——如果窮人們無法獲得與富人們對等的知識和話語權，那麼不平等的「施與受」，終將無法翻轉。

抱持好奇，但不要忘記懷疑

當天，我抱著滿腦子的疑惑回到旅店，結束了宰牲節當日的旅程。這個月內，我出入格萊敏銀行全球總部，接觸這個不可思議的組織最好的一面。我走進略具規模的工廠，拜訪靠著微型貸款翻身的企業家，聽他滿懷感激地訴說自己的逆轉人生。

但我從來沒有抱持懷疑，沒有獨自驗證，更沒有深度思考。以致於我並不知道，許多專家研究早已針對微型貸款提出反駁的論點，其中還包含後來獲得二〇一九年諾貝爾經濟學獎的印度裔美國經濟學家巴納吉（Abhijit Banerjee），以及法國經濟學家杜芙若（Esther Duflo）。

至今，我仍非常感激Nashin的邀請，因為在那張餐桌上我學到寶貴的一課。回頭看求學與創業的過程，我常不自覺擔心自己的決定是否符合社會主流，卻沒有想過所謂「主流」的正確性。有多少好奇心跟創意，在這樣的過程中被利用、被蒙蔽，甚至被扼殺了？

在資訊如此紛亂的時代，我篤信「批判性思維」（Critical Thinking）是最需要培養的能力。所謂批判性思維並不是指開口批評，而是指面對資訊，時時抱持懷疑與驗證的思辨精神。有了獨自思辨的能力，才不會被片面的訊息牽動，迷失了前進的方向。

我帶著這些收穫踏上歸途，準備開始之後的創業生活。飛機鑽進了灰暗的雲層，我知道遠山呼喚的挑戰才正要開始。機艙內依舊吵雜，但我卻比一個月前平靜許多。

我常不自覺擔心自己的決定是否符合社會主流，
卻沒有想過所謂「主流」的正確性。
有多少好奇心跟創意，在這樣的過程中被扼殺了？

03

世界的入場券，是你對家鄉的那份自信

「為什麼你們不幫臺灣？」

家鄉是旅途的起點，是遠行者的「根」；

家鄉也是旅途的終點，是不斷前進的理由。

正因為有個心心念念的地方可以回去，世界的寬廣才有意義。

在主流面前，不要隱藏真心的想法

「為什麼不是在臺灣做？」

「你們有打算回臺灣做嗎？」

「臺灣也有很多需要幫助的人啊。」

「那臺灣呢？山區也有很多需求。」

問法有無限多種變化，幾乎在每一場演講都會出現。但就算如此，我依然喜歡回答這個問題，因為每一次我都能再次分享遠山呼喚的理念：我們不是一開始就選擇出國，是到了之後選擇留下來。正因為教育是很長遠的事情，所以我們現在還在海外堅持。

可是有一次，一位業師聽完我的回答，私底下跑來找我，他以關照的口吻對我說：「你下次要先說：臺灣也有很多人在做。這樣大家比較聽得進去你後面要說的話。」他曾經擔任過許多創業獎金的評審，對於什麼才是「正解」有著清楚的認知。

真的是這樣嗎？身為一個公益組織的創辦人，我該說的，只是讓大家比較容易聽進去的話嗎？

> **“在多數時刻，迎合主流很簡單，就跟剛開始蛀牙的時候一樣無痛。然而久而久之，違心之論終將住進我們心底，把我們變成完全不同的人。”**

我心底很清楚，一個需要幫助的地區「有很多人在服務」，不代表正在變得更好。走在廓爾喀的街頭，你隨時能看見漆在校舍外牆、已然斑駁不堪的異國國旗，搞得好像整個村莊都都是廣告看板一樣。我始終忘不了一位校長，因為誤以為我們是韓國人，立即對我們動怒的樣子，那是受過傷的人才會有的神情。

所以多年來，如果你問我這個問題，遠山呼喚的理念將會是你聽到的回答。我們正在世界最貧窮、最悲傷的角落，堆疊一項沒有滿分的專業。絕大部分被我們服務的孩子，都是一出生即破碎的生命。因此，每當我確信遠山的服務不是臺灣最需要的，都會真心感到慶幸；也正因為如此，那些為臺灣努力的身影總是讓我感動。謝謝你們讓我們活在更完整的社會。

不刻意尋求認可，是一種對家鄉的自信

每隔一陣子還會有人來問我：「回答的時候，為什麼不強調你們在做外交？這也是在幫臺灣啊。」但我心底很清楚，我們的專業在於教育，而非外交。事實上，我們從來不在尼泊爾拿出國旗要孩子們拿著拍照，就算被校長邀請，也從來不願意把國旗畫在學校外牆。相反地，我會拍拍心臟的位置，告訴校長：「只要記得就夠好了。」

從事國際發展工作，讓我近距離看見臺灣被孤立的外交困境，「該如何被世界記得？」的確是每個臺灣人都該好好問自己的問題。然而，我們的心態應該是要一味尋求別人的認可，還是要專注於創造影響力，實質幫助這個世界？當服務者拋下在地人，那面依然在牆上的落漆國旗不是格外諷刺嗎？

有一次，在地夥伴Sang被叫到尼泊爾國家政府，她帶著滿腦子的疑惑赴約，才發現一同在場的，還有其他「資金來自臺灣」的組織負責人。夾在中國與印度之間求生存的尼泊爾，近幾年正逢親中政府當政；中國大力投資尼泊爾基礎建設，同時提供尼泊爾勞工許多工作機會。那一天，官員細細盤問Sang資金取得的方式，並且在會議尾聲警告她們，拿這些錢之後要記得，千萬不要太招搖。性情正直的Sang氣炸了，她立刻打視訊電話聯繫遠在臺灣的我們，我們一邊安撫她，一邊開始擬訂新的風險管理策略。在這場溝通的過程中，我發現身為臺灣人的我們反而心平氣和，因為對我們來說，這已經是生活的常態。

但這不代表臺灣人坐以待斃。你知道嗎？其實在國際服務的領域，關於「該如何面對孤立」，臺灣民眾已然給出答案。臺灣在五十多年前，也曾是國際上的「受助國」，就跟現在的尼泊爾一樣，是許多國家政府、NGO投入服務的地方。然而，在很短的時間內，臺灣就成為一個「公益輸出國」，許多組織紛紛從需要外界捐款的「在地組織」，轉型為國際捐款的創造者，有些組織甚至脫離母單位，選擇成立總部獨立經營。

正因為臺灣無法拿到太多聯合國、歐盟、世界銀行等國際單位的資金，我們才會成為民眾捐款最踴躍的「亞洲公益之國」。隨著經濟起飛的局勢，我們並沒有丟失農村社會互助的本質，也沒有停止幫助國際，反而帶著能夠長期助人的自信，發展出了專業度十足的國際公益組織。

「臺灣本來就很好了」，我們是帶著這樣的心態走進服務現場，所以我們更專注於教育，不曾把寶貴的資源花在抗爭、爭取目光、宣傳國家。**身為臺灣人，我們都應該在缺席世界的時候保持自信，雖然沒有平等的舞臺，卻能透過願意長期陪伴的本心，以及不失溫度的專業，住進許多人心底。**

世界有多大，取決於我們對人生的看法

有一次在英文課堂中，我看見孩子把手指放在地球儀上，那一幕讓我心中一陣酸楚；世界明明近在咫尺，對窮人來說卻是無比遙遠。然而，隨著地球儀的旋轉，孩子眼裡閃耀著光芒，那時我深深地感受到，在這群孩子眼中，世界是無邊

我們都應該在缺席世界的時候保持自信，
雖然沒有平等的舞臺，卻能透過願意長期陪伴的本心，
以及不失溫度的專業，住進許多人心底

與其麻木前進，
不如勇敢迷失

無界的。

對於每個人來說，看世界的方法不盡相同，有人覺得看世界就應該前往很多國家，有人則認為在一個國家待下來，才能看見世界。有人覺得世界的範圍應該要以自己為圓心來定義，於是他的世界成了一個平面；有些人讓世界定義自己，於是他的世界像是雨點打在池塘泛起的漣漪，環環相扣卻往往找不到核心。有些人為別人活著，所以世界終將離他而去；有些人一輩子都無法走向世界，於是世界成了一種嚮往，人生成了一場追求。

”世界是一面鏡子，反射出人們心中的自己。討厭世界的人，只是討厭自己迷失的人生；喜歡世界的人，往往是因為在別人眼裡，看到期待已久的自己。“

建構世界觀的過程，就是在建立內心的價值觀。以前的我常不禁思索，尼泊爾四面環山，這一輩子，我們所服務的孩子是否能看見大海？然而生命的重點，往往不在於他們的眼睛是否看得見美好，而在於他們的內心是否懂得嚮往。

然而世界充滿變化，我們如何開啟屬於自己的旅途？如何在衝撞世界的過程中，安放充滿好奇的內心？無止盡的追逐，是否有明確的終點？

有根的人，才不會在世界迷失

「出國之後才會知道，臺灣的山不是山，海也沒有像國外那麼美。」一群臺灣年輕人讚嘆著這趟旅程的風景。雖然在出差回程的候機室累得半死，這句話還是踩到了我的底線，讓我從位子上站起來找他輸贏。選擇想要看見什麼樣的世界，是每個人的自由，可是帶著美好濾鏡遊覽世界的人，沒有瞧不起自己家鄉的資格。

到底什麼是國際化？每天看國際報導算是嗎？出國留學過就是嗎？一心往國外旅遊景點跑的人，只停留知名景點的人，只能接受五星級飯店的人，看見的是一個國家浮在表面的華麗，還是沉溺在水下的真實？

我先問他們：「你們說臺灣的山不是山，那你們有爬過百岳、走進山林嗎？」那群與我年紀相仿的大學生紛紛搖頭，讓我難以接受，我說：「我來尼泊爾超過七次了，臺灣的確沒有八千公尺的雪山，但是每一座百岳都有尼泊爾找不到的風景。如果你有餘裕到尼泊爾健行，為什麼不好好認識臺灣？」

臺灣沒有綿延數十里的沙灘，但是大海的美遠遠不止海水浴場。在綠島，我曾在自由潛水的時候，潛進如夢似幻的珊瑚隧道。那一天，碎浪如千萬個鏡面將陽光敲碎，珊瑚像畫布一樣接下光影，於是在我的四周，通道以「瞬間」為頻率無止盡地變化著，那是只有眼睛能如實記錄的當下。

臺灣沒有世界高峰，但是下雪的雪山圈谷、日落時分的北大武雲海、傾瀉而下的奇萊雲瀑、沉默壯麗的南湖雄山、草原蔓延到天際的能高南峰，這些看一眼就能記住一輩子的風景，都來自你我的家鄉。

還有在騎單車環島的時候，臺灣人會開著車追著你，然後搖下車窗對你大喊：「弟弟！還～有～水～嗎！」車子壞了，花蓮的店家馬上放下飯碗幫忙，變成烏漆墨黑的一雙手，然後這反而成了他堅持不跟你收錢的藉口。在臺十一線遇到牽著菜籃車、徒步環島的大叔，曬成宛如黑人的他一開口，就提醒你要記得防曬……

不是因為喜歡冒險，所以才探索臺灣，而是臺灣讓我愛上沒有答案的流浪；不是從小就渴望長途跋涉，而是臺灣讓我開始背起登山包前往遠方；不是生來就想做公益，是臺灣讓我知道幫助人是天經地義的事情。

家鄉是旅途的起點，是遠行者的「根」；家鄉也是旅途的終點，是不斷前進的理由。正因為有個心心念念的地方可以回去，世界的寬廣才有意義。唯有讓家鄉住進心底，我們才不會在殘酷的世界迷失自己。

喜歡世界的人，
往往是因為在別人眼裡，看到期待已久的自己。

遠山記事

本心如初，前路無懼

二〇二〇年三月，疫情席捲全球，一行人費盡千辛萬苦才逃回臺灣，沒想到這一揮別竟似永無相聚之日。缺乏醫療資源的尼泊爾受到了嚴重的打擊，政府只能宣布無限期停班、停課、全面封城。

一聽到長期停課的消息，我們都嚇壞了，當孩子們停課太久，家長便越容易萌生「讓孩子去工作」的念頭。何況在後疫情時代，家庭必須補足封城期間的經濟損失，教育會是第一個被犧牲的開支。五年來，我們努力讓服務地區的輟學率維持在百分之五以下，這些都可能在疫情中崩毀。遠山呼喚共服務十所學校、四千位兒童，該怎麼讓他們都逃過輟學的命運呢？在先進國家，只要改成視訊上課就能解決這個問題，但我們的服務地點連網路都沒有！

然而我們觀察到，正因為沒有網路，當地家家戶戶都有一臺簡易的收音機，於是團隊當機立斷聯繫所有校長，將教育改成「廣播教學」，讓孩子們在家裡也能聽老師上課，被困在吉里鎮的 Sang 很快便促成了這項行動。雖然政府宣布封城，但是在行政區內並沒有人流移動管制，所以 Sang 能夠帶著團隊一一家訪，確認兒童的「上學」狀況。在父母的要求下，孩子們雖然要幫忙種田，但還是會把收音機掛在身上，腳下踩著土、手裡牽著牛、嘴上卻朗誦著課文，這成了一幅疫情下典型的田園風景。然而我們都知道這並非長久之計，是時候結合地區政府的力量，創造下一場行動了。

接下來的一個月裡，遠山呼喚在首都印製了上千份「疫情學習包」，當中有學制內的教材、遠山呼喚編輯的學習手冊，以及完整的文具組，所有內容都能搭配廣播教學。這項計畫獲得了當地政府的全力支持，一箱又一箱的教材竟獲邀搭乘政府的建築工程車輛，千里迢迢送到偏鄉，最終抵達了二十九所學校，影響範圍遠超過我們的預期。疫情趨緩之後，我們在村落設計了「站點教學」，安排老師與學生到戶外上課。這一連串的行動再次串起各個關鍵族群，終於成功讓原先服務範圍內的孩子們，都能延續教育。

然而，在遠山呼喚的服務範圍之外，有百分之七十的家庭都失去了經濟來源，多數的家長從事三種工作：販賣農產品、去工地工作，或是在旅館擔任幫傭。封城之後運輸停擺、工地停工、旅館關閉，這等於剝奪他們生存的機會。尼泊爾政府斷斷續續封城的六個月之間，這裡已經有超過上百個家庭失去經濟來源。這些家長難以再支付學費，代表在後疫情時代，這些孩子都即將失學。在沒有網路的山區，駐點團隊挨家挨戶探勘，目前已經找到了五百個失去收入的家庭，當中有一千五百位孩子被列入輟學的高危險群。我不想在這裡停下腳步，對於遠山呼喚來說，每一個孩子，我們都不想要放棄。

二〇二一年開始，我們預計用一整年的時間發起集資，盡力延伸服務範圍，從疫情手中把孩子偷回學校。每天我都希望再次回到尼泊爾的時候，不會對現在的自己失望。

創辦耘海計畫：一所亞洲NGO人才學院

寫這本書的時候，遠山呼喚五歲了。我們已經不再是初生之犢，卻依然帶著無畏的勇氣。站在這個別具意義的時刻，我們的思考模式從來都不是「下一個五年該做什麼？」，團隊成員們給自己的期待是「該如何創造屬於在地人的長期教育？」以及「如何將這套模式複製到更多國家？」。這是一場我們給予遠山、也給予自己未來十年的人生命題。

然而，能夠創造「在地化長期教育」的關鍵是什麼？過去五年，答案已經擺在眼前，如果我們從來沒有遇見Sang，沒有長期培訓她，沒有幫助她們成立自己的NGO，也沒有給予充足的信任，那麼，這場服務根本不可能走到今天，也不可能在疫情的衝擊下還持續擴大服務規模。在世界上任何一處偏鄉，時代的齒輪將不斷隨著國情經濟輪轉，每個世代總會面臨不同的挑戰；正因如此，臺灣的服務者終將為過客。因此，我相信在兒童教育的範疇裡，我們必須用完全不同的方式看待國際發展計畫。唯有幫助在地人成立獨立且穩定的組織，教育才能真正「根植」，才能在有限的時間裡，創造無限的教育動能。

二〇二〇年十月，我跟Emily完成了創辦遠山以來最重大的決策，決定在既有服務體系之上，創立「耘海計畫」。有別於原先「翻轉區域教育環境」的專業，這個計畫將專注於培訓亞洲的青年領袖，我們會提供啟動資金、國際連結、人才培訓，幫助他們從零到一成立NGO組織。

這個念頭萌芽的四個月之內，我們擴大了團隊，並與二十三個臺灣大型組織、國際基金會、在地草根組織驗證了想法，一起快速修正了關鍵的細節。踏著一如繼往、充滿速度感的步伐，我們立即在亞洲發起了計畫，一個月內就獲得三十九組來自越南、印尼、緬甸、柬埔寨、菲律賓、斯里蘭卡的青年團隊投件，申請加入第一屆培訓。我們渴望創造更多的Sang，也期待耘海計畫能成為教育的先鋒，率先前往陌生的國家，與在地團隊一起打下基礎。

沒有人做過這樣的嘗試，對於一個新創團隊來說，這無疑是場高風險的行動。但是，每當規畫未來的時候，我都很努力地告訴自己：在尋求認可的理想世界裡，你一定要繼續當個勇於失敗的逃兵，唯有如此，人生才能永遠屬於自己。

我也深深相信，身為一個匯集無數善心與信任的公益組織，擁有多少社會資源，就應該要有多少膽試去創新。昨日我們仍在尼泊爾攀登教育的山峰，而今天我們朝著未知的遠方啟航，這段坐「山」望「海」的日子，似乎幻化成一場道別，我們歸零一切、倒出已然發酵的成果，再探甕底的初心。

本心如初，前路無懼。站在另一場冒險的開端，我相信有一天源自臺灣的教育，一定會成為國際品牌。那一天，沒人走過的異途，終將成為遍地開花的正道。

擁抱未知的人生，才能得到真實的自由

寫著寫著，不小心進入了工作模式，文字彷彿穿上了盔甲，也抄起長矛，準備上戰場解決問題。但我好慶幸，在書寫「疫情救助行動」，甚至是「耘海」這些龐大計畫的當下，我切切實實地感受到熱血沸騰，好希望此刻就在現場，旁邊圍著遠山團隊、市長、校長、社工、老師。大家的眼神會是如此專注，準備為孩子們創造不一樣的未來。

說真的，我不知道未來會變成什麼樣子，疫情之下，四千多位孩子的人生、團隊成員的生活品質、貴人託付在我這邊的夢想，以及對於長期教育的追逐，全都疊加在我的

肩膀上。我清楚每一件事情可能會出差錯的節點，卻無法保證失敗不會驟然發生。每當坐在空無一人的辦公室思索一切，我就能感受到無比龐大的未知。

躺在旋轉椅上緩慢地轉圈，我隨意地看著辦公室裡的一切，直到椅子定格，視線索性降落在那鑲在牆上的訂製白板。我突然想起自己對三年前的林子鈞食言了，我終究沒有買下創業初期，用來開啟一切的那面破白板。當時，那面白板是無邊無界的，正因為處處是未知，我們才能發瘋似地把青春賭給夢想。

我閉起眼睛，沉浸在五年來找不到答案的分分秒秒，在前輩的辦公室支支吾吾，被罵得一無是處；討論專案到半夜四點，在校園裡累得瀕臨崩潰；在尼泊爾的醫院裡醒來，看著鐵皮天花板窮緊張；改變計畫走向，對一群尼泊爾婦女誠實地認錯；創業五年之後，決定拿剩下的青春再賭一場……我突然發現，這些微小卻深刻的時刻，最終都把我推向了同一個方向：前方！我驚覺「未知」已然成為我生命中的氧氣，成為一種不能失去的存在。正是迷失的當下，讓我找到了自己的本心，並覺得自己真真切切地活著。

我開始相信，對於人生未知的耐受度，就是人生真實的自由度。真實的自由才不是每天把別人交辦給你的事項做好，而是敢於把沒把握做好的事情，交辦給每天的自己。真實的自由，也不是你擁有大把的時間、金錢，或是無止盡的關注；真實的自由，是每天都有別具意義的目標，讓你在當下能活得無比專注。自由不是比較值，而是絕對值，是只有自己能夠清楚定義的核心價值。對我來說，「自由」就是驅動我追逐一切的「本心」，百轉千迴之後，我深信這是五年來我一直在追尋的答案。

從學生時期的迷惘、創業早期的失敗、失敗過後的成長、出社會後的選擇，以及在世界各地的探尋……在人生的盛夏時分，五年的光陰彷彿彈指間就過去了，但又好像冰川的流動一樣漫長。真不敢相信自己曾經是個迷惘少年，但同時又無比感激那段自我追尋的凝望。原來尋找自己是永遠的進行式，只要本心從未變過，又怎麼會害怕前路迷茫？

好了，道盡也倒盡了過往，讓我把心思留給前方的美好，也請讓我把對於迷失的這份坦然裹成行囊，送給渴望改變人生的你。屬於你的「迷途」在哪裡？驅動你前進的「本心」又是什麼？是自由、是安逸、是家人、是掌聲，還是自我實現？找到它，然後前進，開始創造選擇吧！

倘若有一天，你站在路上極目望去，發現內心動盪不安，要記得：只要衷心跟隨內心指引，無所畏懼地劃過漆黑的夜空，你終將成為一道獨特的生命流光。

這時候，許多人的天空也會被你點亮。

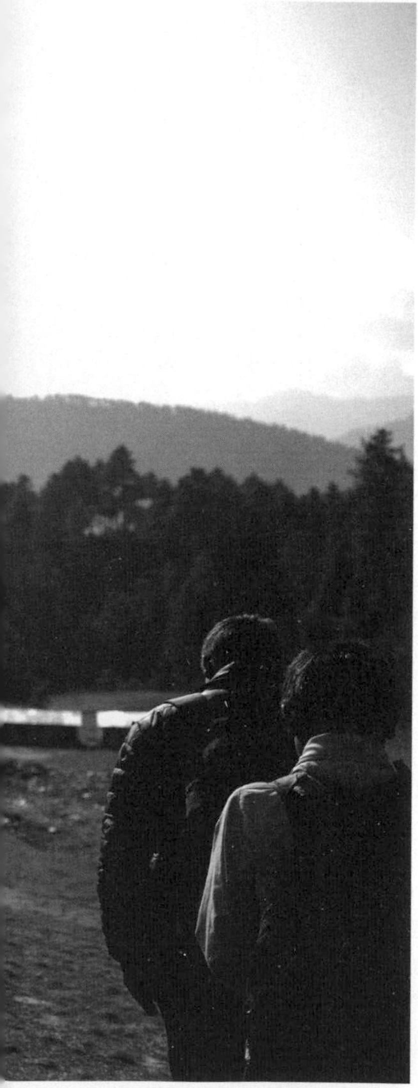

作者致謝

我想將這本書獻給我的團隊，以及二〇一五年至今，
每一位支持我們成長的朋友、前輩、老師、捐款人，
因為有你們在，Ishwor的故事才能變成五千五百位孩子的故事。

現在，我們正從尼泊爾啟程前往世界，
世界充滿變化，但是對教育的本心始終如一，
誠摯邀請看完這本書的你，一起加入遠山呼喚這個大團隊！

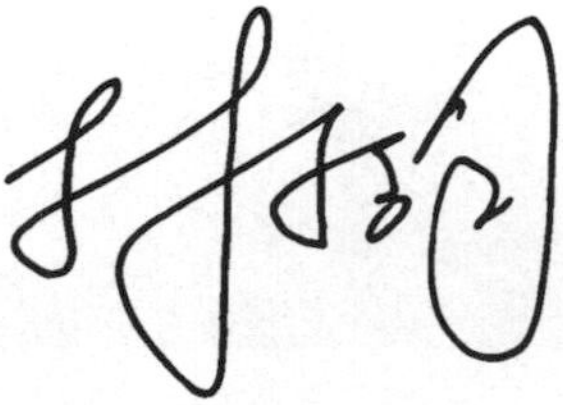

與其麻木前進，不如勇敢迷失

作　　者 | 林子鈞 Rikash Lin
發 行 人 | 林隆奮 Frank Lin
社　　長 | 蘇國林 Green Su

出版團隊
總 編 輯 | 葉怡慧 Carol Yeh
主　　編 | 鄭世佳 Josephine Cheng
責任編輯 | 黃莀着 Bess Huang
責任行銷 | 朱韻淑 Vina Ju
封面裝幀 | 魏仕媛 Swan Wei
內頁排版 | 黃靖芳 Jing Huang
攝　　影 | 森子工作室，遠山呼喚授權

行銷統籌
業務處長 | 吳宗庭 Tim Wu
業務主任 | 蘇倍生 Benson Su
業務專員 | 鍾依娟 Irina Chung
業務秘書 | 陳曉琪 Angel Chen・莊皓雯 Gia Chuang

發行公司 | 悅知文化　精誠資訊股份有限公司
105台北市松山區復興北路99號12樓
訂購專線 | (02) 2719-8811
訂購傳真 | (02) 2719-7980
專屬網址 | http://www.delightpress.com.tw
悅知客服 | cs@delightpress.com.tw
ISBN：978-986-510-152-7
建議售價 | 新台幣380元　　首版一刷 | 2021年06月　　首版三刷 | 2022年01月

國家圖書館出版品預行編目資料

與其麻木前進，不如勇敢迷失 / 林子鈞著 -- 初版. -- 臺北市：精誠資訊股份有限公司, 2021.06
面；　公分
ISBN 978-986-510-152-7（平裝）
1. 自我肯定 2.生活指導

177.2　　110007112

建議分類 | 心理勵志

讀者回饋募集中！

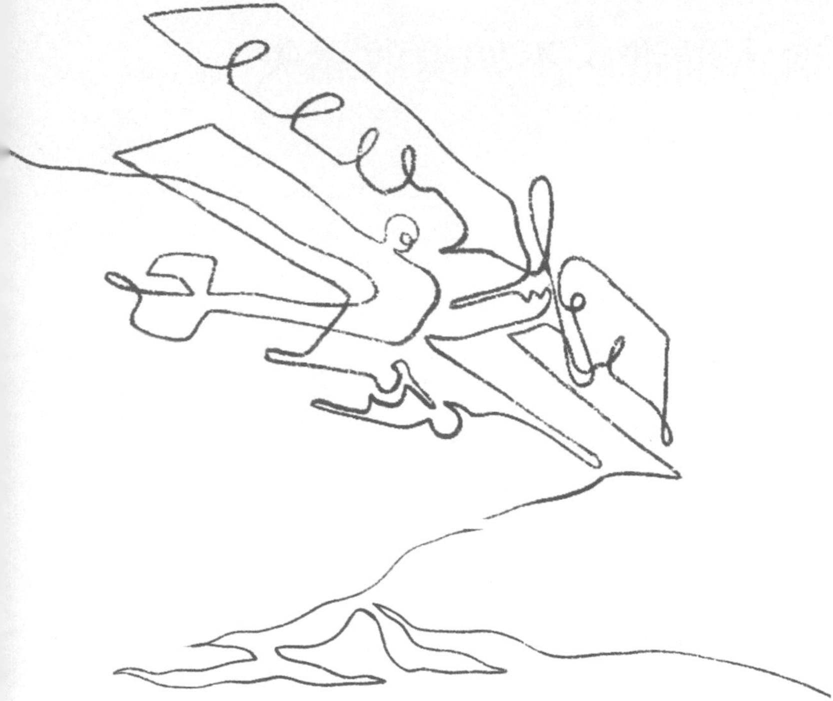

看完這本書之後，

我們也想聽聽你的故事！

掃描 QR code，

告訴我們你的讀後感想，

或是專屬於你＃勇敢迷失的故事。